AF220744

Impressum:

Bildnachweise:

Alle Bilder und Skizzen © Olaf Keser-Wagner außer:

S. 133 © Kommunare.de

S. 137 und 143 Pixabay

3. Auflage 2018

Herstellung und Verlag:
BoD – Books on Demand, Norderstedt
ISBN 978-3-75283-343-0

Vom Antworten geben

zum

Fragen stellen

Grundlagen Evokatorischer Beratung

Martina Rosanski

Olaf Keser-Wagner

Evokation =

*das Hervorrufen von persönlichen
Vorstellungen oder Erlebnissen beim
Betrachten eines Kunstwerks*

Knaurs Wörterbuch der Etymologie

Inhalt

Wir nutzen in diesem Buch als Anrede die maskuline Form – weil es sich einfacher liest und wir Ihren Gedankengang nicht durch holprige Formulierungen unterbrechen wollen. Wir meinen aber – wirklich – alle männlichen und weiblichen Berater.

Wir beide als Autoren und Berater – Mann und Frau – wissen sehr genau um die Unterschiede zwischen männlich und weiblich …. und erfreuen uns an ihnen.

Die Idee

Für wen ist dieses Buch?

Mit diesem Buch wollen wir alle Menschen ansprechen, die mit Beratung zu tun haben. Dazu zählen wir neben Menschen, die im Coaching, im Verkauf oder in Führungspositionen tätig sind auch Eltern und Ausbilder.

Wenn Sie Ihre Haltung und Ihr Verhalten in der Beratung weiter entfalten wollen, dann liefert Ihnen dieses Buch Modelle und Methoden.

Es spielt keine Rolle, ob Sie schon jahrelang in der Beratung tätig sind, oder erst gerade anfangen, sich damit zu beschäftigen. Die Erfahrungen, Übungen und Modelle, die wir hier zusammengetragen haben, werden Sie immer wieder vor neue Perspektiven und in eigene Entwicklungsprozesse stellen. Sie werden feststellen, dass Sie als Berater immer wieder aus verschiedenen Haltungen heraus agieren.

Wir möchten diese Haltungen bildlich als **Meister, Partner** oder **Dienstleister** bezeichnen. Den Ratsuchenden bezeichnen wir als Kunden – unabhängig, ob er sich beraten, etwas kaufen will oder sich von seiner Führungskraft anleiten lässt. Die nachfolgenden Beschreibungen umreißen die eher gängige Definition dieser drei Haltungen:

🏠 Der **Meister** ist mit allen Wassern gewaschen und kennt die Lösungen zu den Problemen. Von Führungskräften wird oft diese Haltung erwartet oder sie erwarten sie selbst von sich. Der Meister weiß aus seiner Erfahrung, was zu tun ist und hat vielleicht schon mehrfach erfolgreich seine Lösungsschritte angewendet. Er kennt das Ziel und den Weg dorthin. Seine Antworten sind wie konkrete Arbeitsanweisungen und sie werden in der Umsetzung auch genauso erwartet, wie er es gesagt hat.

🏠 Der **Partner** umwirbt seinen Kunden. Häufig erleben wir dies bei Verkaufsberatern. Er ist sich sicher, dass er die Lösungen für das Problem kennt und schlägt verschiedene Lösungswege vor. Der Kunde muss sich dann entscheiden, was zu tun ist. Der Partner stellt den Kunden vor Entscheidungen.

🏠 Der **Dienstleister** hat ein umfangreiches Methodenverständnis, mit dem er dem Kunden zu seinen Zielen verhilft. Oft sind dies Coaches, Moderatoren oder andere Prozessbegleiter. Er kennt das Ziel nicht, und weiß aber, welcher Weg für den Kunden der richtige ist.

Finden Sie sich in einer dieser Rollen wieder? Fühlen Sie sich mit diesen Rollen erfolgreich? Möchten Sie diese Rollen für sich genauer hinterfragen und damit ihre Beratungskompetenz erweitern?

Egal ob Sie Führungskraft oder Verkäufer, Coach, oder Mentor sind. Wenn Sie ihre Beratungsqualität erhöhen wollen, dann ist dieses Buch für Sie.

Was wollen wir erreichen?

Genau das ist die Herausforderung: zu verstehen,

- mit welcher Haltung beraten Sie,
- welche Wirkung hat diese auf das Ergebnis für den Kunden?
- Wie können Sie ihre Haltung verändern, um dadurch besser in Ihrer Beratung zu werden?

In den letzten Jahrzehnten haben sich die Rahmenbedingungen für die Menschen gravierend verändert:

- Die Welt ist globaler geworden, was bedeutet, dass dem Menschen nahezu 'die Welt' mit allen Möglichkeiten der Standortwahl offensteht.
- Individualisierung und Pluralisierung von Lebensstilen hat zugenommen, der Verwirklichung persönlicher Lebensstile

steht in unserem Umfeld kaum etwas im Wege.

- 🏠 Alterung bei bester Gesundheit wirkt sich auf alle Bereiche des Lebens und Handelns aus.
- 🏠 Die Geschwindigkeit der Veränderungen hat rasant zugenommen.
- 🏠 Elektronische Medien sind mittlerweile allgegenwärtig und verändern die Kommunikationskultur grundlegend, Information ist überall erreichbar.

Als Fazit kann festgehalten werden, dass sich nach Jahrzehnten scheinbarer Stabilität alles in Bewegung befindet, ohne dass zu sagen ist, wo diese Bewegung endet.

Wenn sich alles in Bewegung befindet, muss sich auch die Qualität der Beratung in Bewegung begeben. Sonst passiert das, was wir immer häufiger in letzter Zeit erleben: Beratung erreicht oft nicht ihr Ziel – auch wenn sie noch so gut gemeint ist.

Ein wesentlicher Aspekt in der zukünftigen Beratung ist die Kunst, richtig zuzuhören. Und die Kunst, dann die richtigen Fragen zu finden und zu stellen. Wir wollen genau das erreichen: Was macht gutes Zuhören aus und wie entwickeln Sie die richtigen Fragen?

Mit der richtigen Frage
fallen die Antworten
von alleine ab.

Wenn diese Kunst beherrscht wird, sprechen wir von einem Dialog, der zwischen zwei Menschen auf Augenhöhe stattfindet und es dem Kunden erlaubt, seine eigenen Meinungen und Urteile zu bilden. Kurz:

Der Wandel in der Beratung
vom 'Antworten geben'
zum 'Fragen stellen'.

Wir wollen erreichen, dass Sie als Berater nachhaltig Ihre Beratungskompetenz an die Wissens-gesellschaft unserer Zeit und die zunehmende Geschwindigkeit unseres Alltagslebens anpassen können.

Wie ist dieses Buch aufgebaut?

Beratung ist ein Prozess – auch wenn er noch so kurz andauert. Er ist unterteilt in verschiedene Phasen. Diese sind vergleichbar mit Elementen beim Aufbau eines Gebäudes.

Die Kapitel dieses Buches sind deswegen gegliedert in diese Phasen und dargestellt wie ein imaginärer Hausbau: das Fundament, die Außenwände, die Inneneinrichtung, das Dach. Je nachdem, wo sie sich in Ihren Beratungsprozessen verändern wollen, finden Sie entsprechende Anregungen und Übungen in den jeweiligen Kapiteln.

Generell ist die Arbeit mit diesem Buch gedacht als Ihr eigener Entwicklungsprozess, der einen Anfang und kein Ende hat. Der Anfang sind Sie!

Wer sind wir?

Martina Rosanski hat Betriebswirtschaft studiert und ist seit über 20 Jahren selbstständige Beraterin. Sie berät und begleitet mit einer systemischen Sichtweise Prozesse in Organisationen. Als Vorstandsmitglied der pro regio AG gestaltet sie Regionalentwicklungs-prozesse. Als Beraterin für Existenzgründung hat sie manchen Felsbrocken aus dem Weg geräumt und ist versiert im Umgang mit Finanzen. Sie kann genauso gut mit Mikrofonen wie mit Schraubenziehern umgehen und beherrscht neben der Analyse ebenso die Kommunikation mit Menschen. Diese langjährige Erfahrung und ein Schuss Unerschrockenheit bilden das Fundament für Klarheit in Ihren Aussagen. Sie hat zwei erwachsene Kinder und lebt in Wiesbaden.

Olaf Keser-Wagner hat nach seiner Lehre zum Landwirt und seinem Studium zum Agraringenieur in einem Kulturunternehmen als Geschäftsleiter gearbeitet. Seit 2006 ist er selbstständiger UnternehmensKulturEntwickler und berät und begleitet Unternehmen, Schulen und Verwaltungen in Entwicklungsprozessen. Er erfindet für jeden Workshop neue Übungen in denen er mit Stöcken oder Seilen, Papier oder rohen Eiern spielt. Er kultiviert das Fragenstellen soweit, dass ihm oft gesagt wird „keiner kann so gute Fragen stellen, wie Du". Er lebt mit seiner Frau und zwei Kindern in München.

Gemeinsam haben beide viele Weiterbildungen zur professionellen Beratung durchgeführt. Ihre Erfahrungen daraus bilden die Grundlage dieses Buches. Ihre intensiven Dialoge, die eigenen Erkenntnisse in Beratungsprozessen und die Erfahrungen der Teilnehmer der Workshops sind ihnen Inspirationsquelle und Ermutigung für dieses Buch gewesen.

Fragen

Dieses Buch wäre kein Arbeitsbuch, wenn es keine Aufgaben gäbe. Fangen Sie an:

Was hat Ihnen das bisher Gesagte für den Einstieg in dieses Buch verraten?

_____

_____

_____

_____

_____

Was motiviert Sie jetzt dazu, weiterzulesen?

_____

_____

_____

_____

_____

Notieren Sie nun eine einzige Frage: Welche Fragestellung soll Ihnen dieses Buch beantworten?

_____

_____

_____

_____

_____

Was ist ein Berater?

Viele Menschen geben sich den Titel 'Berater' – der Begriff ist nicht geschützt und diese Tatsache wird von einigen bemängelt.

Sucht man im Internet nach dem Begriff Berater mit verschiedensten Vorsilben, findet man eine Vielzahl von ihnen. Wir haben nur ein paar herausgepickt:

- Unternehmensberater,
- Steuerberater,
- IT-Berater,
- KMU-Berater,
- Betriebs-Berater,
- Karriere-Berater,
- Ernährungs-Berater,
- Fitness-Berater …

In diesen Zusammenhängen gibt es Fachberatungen und Prozessberatungen, eine Beratung – gleich welcher Art – bewegt sich meist zwischen diesen beiden Polen.

Fachberater sind Berater, die hohe Fachkompetenzen in speziellen Gebieten haben. Dazu gehören Steuer-, Finanz- und IT-Berater aber auch Verkäufer in Fachgeschäften und Personen aus dem Vertrieb und der Dienstleistung. Sie alle werden aufgesucht wegen Ihres Wissens und Ihrem umfangreicheren Zugang zu weiterer Information. Das Ziel ist wichtiger als der Weg. Sie sind Experten in ihren Fachgebieten und werden häufig als Spezialisten bezeichnet. Sie haben ein großes Wissen an Informationen.

Beispiel: 100% Fachberatung bei Kofferkauf

Ein Kunde kommt in ein Taschengeschäft, um einen Koffer zu kaufen.

"Ich hätte gerne einen schwarzen Koffer mit Rollen, mit dem ich einen Anzug auf Geschäftsreisen mitnehmen kann. Meine Erfahrung bei Inlandsflügen zeigt, dass die meisten Fluggesellschaften großzügiger mit den vorgegebenen Packmaßen umgehen. Daher möchte ich einen Koffer mit etwas größeren Maßen als das gewöhnliche Handgepäck."

Der Verkäufer zeigt genau einen Koffer, der alle diese Kriterien erfüllt. Der Verkäufer hat die

Fachkompetenz genau zu wissen, wo der Koffer im Geschäft steht. Seine Beratung besteht im Hinweis auf das Produkt. Der Kunde kauft.

Es kommt nicht von ungefähr, dass dieses Beispiel vollkommen überzogen wirkt. 100%ige Fachberatung ist vermutlich nicht möglich, da es immer Bereiche gibt, in denen der Kunde sich noch nicht sicher ist. Entspringt die Unsicherheit im Fehlen von Informationen, ist Fachberatung durch Geben von Wissen angesagt.

Prozessberater sind vielfach Organisations-berater, Organisationsentwickler aber auch Trainer, Mediatoren und Moderatoren. Der Weg ist wichtiger als das Ziel. Sie begleiten Menschen durch Veränderungsphasen und werden aufgesucht wegen ihrer verschiedenen Wege, die sie zur Zielerreichung aufzeigen können. Sie haben eine hohe Methodenkompetenz, um das Ziel auf verschiedenen Wegen zu erreichen.

Beispiel: 100% Prozessberatung im Fitnessstudio

Sie gehen in ein Fitnessstudio, um ihre Fitness zu erhöhen. Der Fitnesscoach fragt sie ausgiebig nach ihren Zielen, nach ihren Wünschen zur Fitness. Er empfiehlt keine Übungen, gibt keine Hinweise, sondern lässt sie probieren, beobachtet, fragt und erarbeitet so mit ihnen ihren ganz eigenen Weg zur Fitness.

Auch hier wirkt das Beispiel aufgesetzt, und es wird deutlich, dass es keine 100%ige Prozessberatung geben wird. Obwohl der Fitness-Berater überwiegend Prozessberatung macht, wird er Ihnen doch hin und wieder mit Übungen den Weg zeigen.

Fazit: Fach- und Prozessberatung finden nie zu 100% statt. Oft ist Beratung eine Kombination aus beiden. Für Sie persönlich kann es hilfreich sein, zunächst zu erkennen, wie viele Anteile an Prozess- und Fachberatung Sie selbst in ihrem Beratungsangebot haben. Dazu empfehlen wir die folgende Übung.

Übung: Fach- und Prozessberatung

Ziel: Sich bewusst werden, wo das eigene Beratungsangebot zwischen Fach- und Prozessberatung anzusiedeln ist.

Mit Unterstützung der Graphik sollen Sie einschätzen, wie viele Anteile von Fachberatung und wie viele Anteile von Prozessberatung Ihrer Beratung innewohnen.

Kopieren Sie sich gerne die folgenden Seiten und schneiden Sie die Karten heraus. Versuchen Sie sich zu den vorgegebenen Karten an jeweils einen Menschen zu erinnern, den Sie sich als einen solchen Berater vorstellen können oder kennen. Überlegen

Sie sich mit den zusätzlichen Blanko-Karten, welche Beratungsbereiche ihnen noch einfallen und benennen Sie auch hier mögliche Menschen. Positionieren Sie jetzt diese Karten zwischen den beiden Polen.

Dann legen Sie die Karte für Ihre eigenen Beratungs-angebote. Schieben Sie Ihre eigene Beratung ruhig etwas hin und her und vergegenwärtigen Sie sich konkrete Beispiele, an denen Sie die Positions-bestimmung Ihrer eigenen Beratung festmachen.

Denken Sie an folgende Personen und notieren Sie deren Namen jeweils in ein Kärtchen (sollten Sie eine Position nicht konkret benennen können, dann stellen Sie sich jemanden vor):

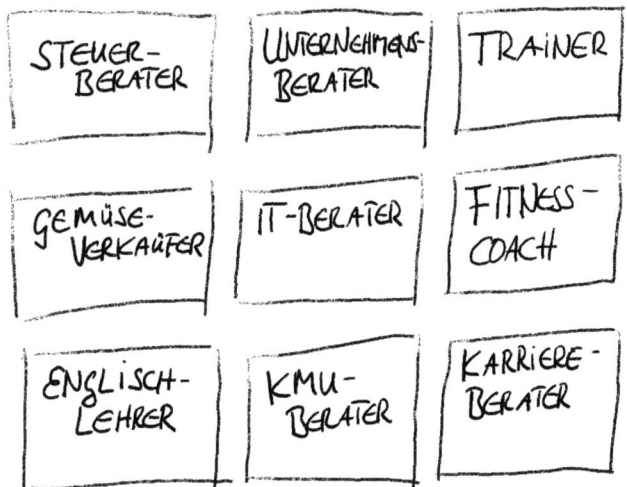

Abbildung 1: Kopiervorlage Beratungskarten

Schreiben Sie auch eine Karte für sich selbst.

Abbildung 2: Kopiervorlage Beratungskarten blanko

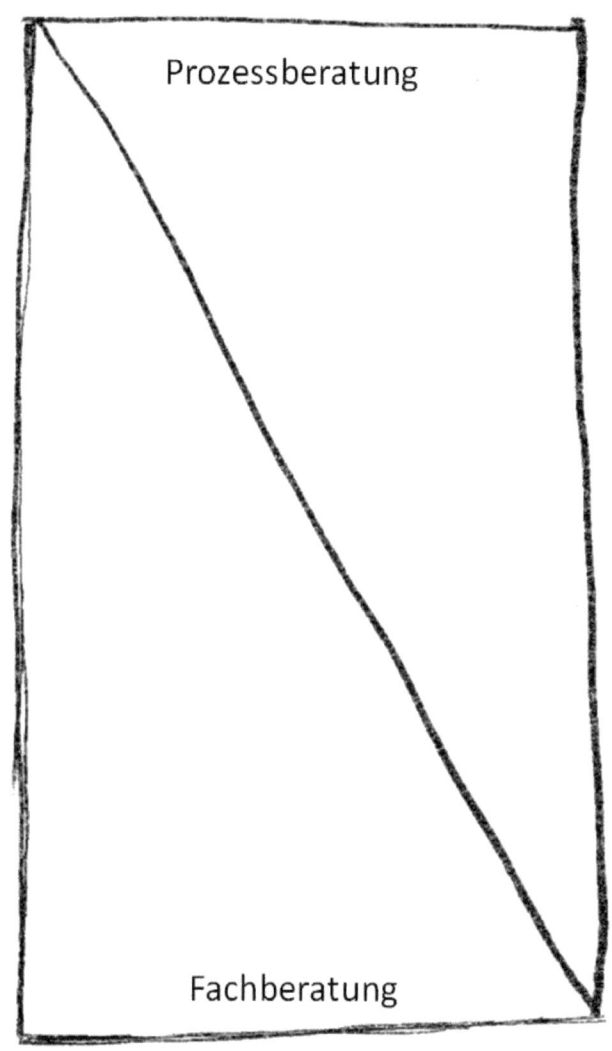

Prozessberatung

Fachberatung

Abbildung 3: Kopiervorlage Arbeitsblatt Fach- und Prozessberatung

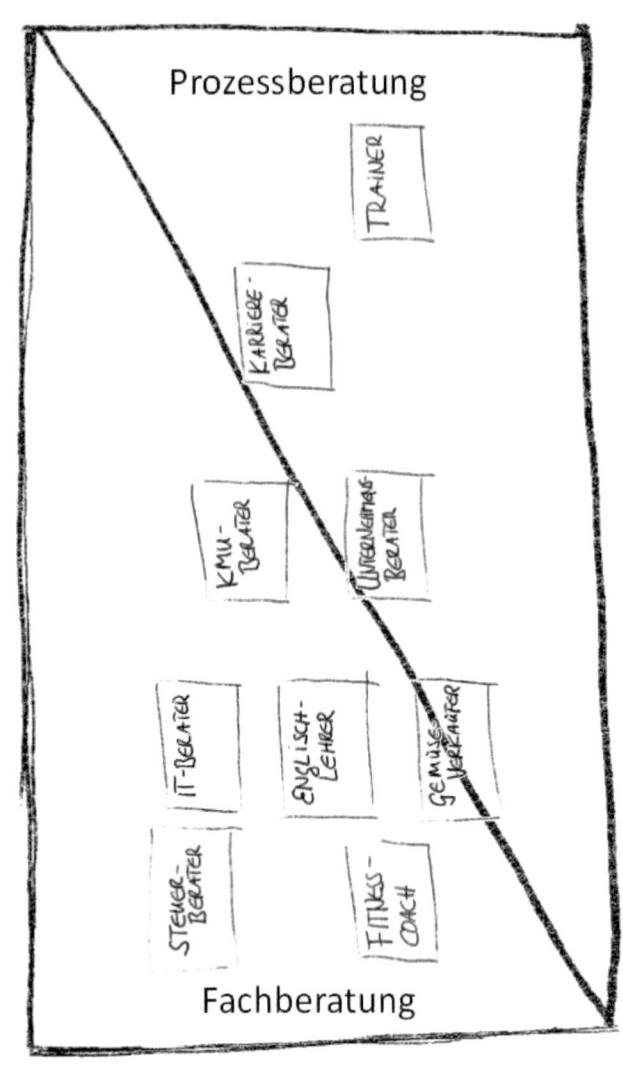

Abbildung 4: Beispiel für eine Auswertung

Notieren Sie nun stichpunktartig, wann Sie selbst eher zur Fach- und wann Sie zur Prozessberatung tendieren.

Ich tendiere zur Fachberatung, wenn ich:

_____

_____

_____

_____

_____

Ich tendiere zur Prozessberatung, wenn ich:

_____

_____

_____

_____

_____

Was ist Beratung?

Laut Wikipedia wird Beratung im Sinne von *‚jemandem in helfender Absicht Ratschläge erteilen'* verwendet. Egal in welcher Beratungssituation Sie selber sich befinden oder als welcher Berater Sie auftreten, Sie begegnen ständig folgender Erwartung:

Sowohl der Kunde als auch der Berater haben von sich die Vorstellung, dass der Berater möglichst schnell alle richtigen Antworten geben muss und sofort weiß, worum es geht. Alle Teilnehmer unserer Seminare haben uns das bestätigt: „Ich denke immer, ich muss sofort eine Antwort auf die Frage des Kunden wissen – und ich darf mir keine Blöße geben, dass ich etwas nicht weiß". Der Berater wird als Experte seines Wissens gesehen. Dabei ist es unerheblich, ob es sich um Wissen zu Produkten oder Dienstleistungen, oder um Wissen zu Prozessen und Methoden handelt.

Schauen wir uns das 'jemandem in helfender Absicht Ratschläge erteilen' nochmal genauer an:

Wenn hier von 'Jemandem' gesprochen wird, so handelt es sich dabei immer um eine ganz individuelle Person – mit eigenen Vorstellungen, Zielen, Macken, Charakterzügen.

'In helfender Absicht' beschreibt mit dem Begriff 'Absicht' zwar eine Zielrichtung, gibt jedoch nicht vor, von wem dieses Ziel angestrebt wird. 'Hilfe' versteht man oft als Verbesserung eines Systems (Gruppe, Familie, Unternehmen, Abteilung), ohne Teil desselben Systems zu sein. Die Hilfe greift ein, verändert, schafft allzu oft jedoch keine eigenen inneren Überzeugungen, sondern Abhängigkeiten.

In der Kürze des Wortes 'Rat-Schlag' liegt die Knappheit und Härte des Tuns: Kurzer Rat mit einem Schlag und fertig!

Im 'er-teilen' steckt durch die Vorsilbe 'er' nicht das gemeinsame Teilen, sondern dass jemand jemandem etwas erteilt.

Sie sehen schon, dass dieser Satz eine Menge an Aspekten zur Beratung beinhaltet. Es ist nicht einfach, Beratung zu definieren. Wir müssen uns damit auseinandersetzen, wer, wie, mit welchen Absichten agiert oder reagiert.

Was ist Evokatorische Beratung?

Die Grundaussage des Systemischen Beratungsansatzes sagt: ‚Das System kennt seine Antwort'. Daher kann man sagen, dass die höchste Stufe der Beratung die ist, in dem der Berater überhaupt nichts sagt. Der Kunde kennt seine Antwort.

Wir wollen nicht die höchste Stufe der Beratung erreichen, indem wir nichts mehr sagen, aber wir ergänzen dies: Im Beratungsalltag gibt es das gewollte Gespräch zwischen Kunde und Berater. Und die Qualität dieses Gespräches ist verantwortlich dafür, wie gut und schnell der Kunde seine Antwort findet. Wir nennen diese Form der Beratung ‚Evokatorische Beratung' und wollen dazu folgende Aspekte näher ausführen:

Götz W. Werner, der Gründer der dm-Drogeriemärkte, sagte in einer Podiumsdiskussion zu Führungsfragen: „Wir brauchen nicht mehr den Direktor, der die Direktive gibt, sondern Evokatoren". Knaurs Fremdwörterbuch schreibt unter dem Begriff Evokation: ‚Hervortreten von Vorstellungen oder Erlebnissen beim Betrachten eines Kunstwerkes'. Evokatorisch in unserem Sinne bedeutet, dass im Beratungsgespräch den persönlichen Erfahrungen und Zielsetzungen des

Kunden mit tiefem Interesse begegnet wird, um eine Problemlösung ‚sich entwickeln zu lassen'.

Claus Otto Scharmer bezeichnet einen Grad der Aufmerksamkeit in seiner 'Theory U' als 'Presencing' – einen Zustand, zu dem man kommt, wenn einerseits die wesentlichen, persönlichen Gegebenheiten wahrgenommen wurden, andererseits aber eine größtmögliche Offenheit für das entsteht, was 'die Zukunft uns sagen will'.

Es geht uns vor allem um die Haltung, die der Berater gegenüber seinem Kunden einnimmt. Er muss durch seine Fragen Evokation fördern können und sich einlassen können auf etwas, was im Prozess neu entsteht und von dem er vorher keine Ahnung hatte, dass es entstehen würde.

Menschen denken in der Regel in den ihnen bewussten Systemen. Berater verstehen sich oft

- 🏠 als diejenigen, die die Lösungen kennen, (Klassische Beratung)
- 🏠 oder aber als Katalysator für eine Lösungsfindung aus dem System des Kunden (Systemische Beratung).

In der Haltung des Evokatorischen Beraters ist die Offenheit wichtig, dass sich

- 🏠 auch das eigene System des Beraters verändern kann,

🏛 ohne es im Beratungsprozess in den Mittelpunkt zu stellen,

🏛 und dass Lösungen jenseits beider Systeme möglich sind.

Wir können in diesem Buch lediglich methodisch helfen, diese Haltung für sich selbst zu finden. Gerade durch die Qualität der Fragen und die Aufmerksamkeit auf die Hintergründe der Kundenfrage wird hier ein Weg aufgezeigt.

Im abschließenden Schritt zu jeder Beratungssituation kann sich der Berater zusätzlich weiter fragen: Was hat sich für mich Neues in dieser Beratungssituation gezeigt?

Es geht bei den hier vorgestellten Methoden nicht um eine 'Grammatik der Fragen' und dass man diese abarbeitet. Häufig versteht man darunter die 'W-Fragen' (was, wer, wann, wo, wie, warum?). Eine Grammatik ist eine Systematik, die zum Beispiel ermöglicht, richtig und falsch im Satzbau zu prüfen.

Jenseits der Systematik kann man wahrnehmen, welche Kräfte hinter der Frage des Kunden stecken. Kann ich mich als Berater so zur Verfügung stellen, dass diese Kräfte ihre Wirkung entfalten können, dass ein zukunftsfähiges, größtmögliches Potenzial für den Kunden entsteht. Letztendlich geht es um das Verbinden von Gedankenkräften – sowohl die des Kunden, als auch die des Beraters – um eine Lösung für die Frage des Kunden zu ermöglichen.

Beide geben in den evokatorischen Beratungs-prozess ihre Aufmerksamkeit hinein und gestalten damit einen Gesprächs-Zwischenraum, den man mit 'echtem Interesse' übersetzen kann (Inter-esse von *lat.* 'Dazwischen-Sein'). Damit gilt:

Der Berater ist
Hüter der Balance
der Kräfte hinter der Frage.

Er kann erleben, dass der andere in seinen Gedanken diesen Kräften folgt und mit ihnen seine Lösung gestaltet. Die Evokatorische Beratung ist der verantwortungsvoll gestaltete Prozess mit diesem Erleben durch den Berater.

Dazu braucht es vor allem Geduld und Aushalten, dass dieser Prozess seine Zeit dauert. Dann kann die Frage aus sich heraus wirken.

Um Orientierung in diesem Prozess zu erhalten, nutzen wir im Folgenden das Bild eines Hauses.

Architektur der Beratung

„Architektur ist das Zusammenspiel aus Raum, Geschichte, Menschen, Technik, Geld und Gesetzen. Jedes Gebäude berichtet über die Gesellschaftsstruktur seiner Zeit und den Ort an dem es steht, über geistige und technische Fähigkeiten, über Ideale, Wünsche, Ängste, Visionen und Mut der Menschen, die es schufen.

Der Mensch macht den Raum zum Zuhause, Theater, Marktplatz, Café. Der Mensch prägt also die Architektur. Und auch umgekehrt: Architektur prägt den Menschen."

Jakob Bader, Architekt, München

Dieses Zitat umreißt unsere Vorgehensweise in der Beschreibung des Aufbaus einer Beratung. Wir nutzen hierzu das 'sinnhafte' Bild eines Hauses:

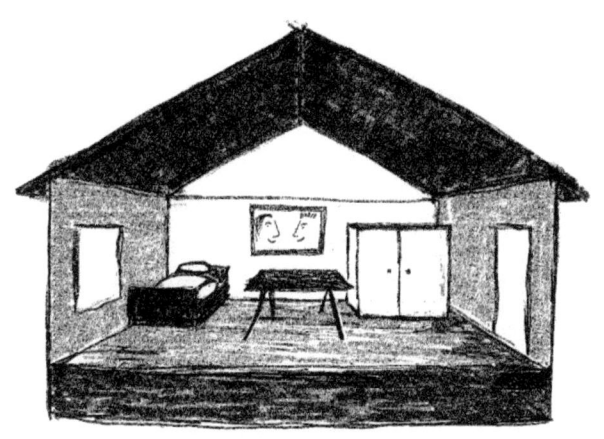

Abbildung 5: Das Beratungshaus

Ein Haus hat – von unten nach oben gedacht – wesentliche Komponenten:

🏠 Das Grundstück, auf dem das **Fundament** errichtet wird

🏠 **Außenwände**, die mit Fenstern und Türen die Gebäudehülle bilden

🏠 Die **Innenarchitektur**, bestehend aus

    ○   der inneren **Raumaufteilung**, die den Anforderungen des Bewohners entsprechen muss sowie

    ○   der **Inneneinrichtung,** die neben funktionalen auch dekorierende und persönliche Aspekte berücksichtigt

🏠 Ein **Dach**, welches das Gebäude vor Unwetter und Sonnenschein schützt.

Fundament

Auf welchem Grundstück steht das Gebäude? Das kann ein sumpfiges, sandiges oder felsiges Grundstück sein. Die Wahl des Grundstückes hängt in der Regel an verschiedenen Faktoren: Ist es eine gute Lage oder ein schönes Plätzchen in einer herrlichen Landschaft? Ist es verkehrstechnisch gut angebunden oder ist der Grundstückspreis attraktiv? Die Bewertung dieser Faktoren, also die Wahl des Grundstücks, hängt maßgeblich von den persönlichen Lebenserfahrungen und Erwartungen, von den Werten und der Persönlichkeit des Bauherrn ab. Das Fundament muss auf die Gegebenheiten des Grundstücks aufbauen und auf die Anforderungen des Bauherrn an das Gebäude eingehen. Es ist die Basis eines guten Hauses.

Im Beratungsprozess ist dies ähnlich: Der Kunde kommt mit seinen Wertevorstellungen und persönlichen Erfahrungen. Auf diesen basiert die Beratung. Das Fundament von Beratung ist die intensive Auseinandersetzung mit den Werten und Charakteren des Kunden.

Wände

Die Gebäudehülle bietet Schutz vor Wind und Wetter. Sie trennt zwischen Innen und Außen und gibt dem Gebäude die äußere Gestalt. Sie gibt Orientierung, wirkt präsentierend oder funktional.

Geht es um ein Bürogebäude, eine Villa oder ein Ferienhaus? Wünscht sich der Bauherr eine Lagerhalle oder ein Reihenhaus? Einmal für diese Hülle entschieden ergibt sich eine Festschreibung: Eine Lagerhalle ist kein Reihenhaus und ein Bürogebäude keine Villa.

Im Beratungsprozess geht es analog darum, zu erkennen, was zur Beratung dazu gehört und was nicht. Es geht auch darum, die Kernfrage des Kunden zu finden, damit nicht ein Beratungsgebäude entsteht, was in Ausdruck und Wirkung dem Kunden widerspricht.

Raumaufteilung

Damit das Haus nicht nur Hülle und Fundament auf einem Grundstück ist, braucht es auch eine Raumaufteilung. Der Eine liebt Großraumbüros, der Andere eine große Küche. Soll es eine Wohnzimmer-Kücheneinheit werden oder soll ein Wellness-Bad gebaut werden? Die Raumaufteilung definiert das Gebäude noch stärker in seiner Funktion.

Im Beratungsprozess geht es sinngemäß um die Feinstruktur, wo muss der Berater Schwerpunkte setzen, wo Durchgänge lassen, damit die Beratung der Bewegung des Kunden folgen kann. Beratung benötigt innere Strukturen bei größtmöglicher Flexibilität.

Inneneinrichtung

Inneneinrichtung fängt mit den Möbeln an und hört mit dem Blumenstrauß auf dem Tisch auf. Hier zeigt sich das Individuelle und auch das zeitlich Flexible der Stimmung des Bauherren. Welche Bilder hängen an der Wand? Liebt er eher Skulpturen oder sammelt er Modellautos? Braucht er einen Ohrensessel oder reicht ein Hocker? Die Inneneinrichtung liefert einen optimalen Nutzen für den Bewohner.

Gleichzeitig bietet sie auch die Möglichkeit, kreatives Potenzial zu entfalten: Die Wahl des Kochtopfes richtet sich nach den Bedürfnissen des Kochens, er kann aber auch zum Topfschlagen verwendet werden.

Im Beratungsprozess spielt das individuelle Methodenrepertoire des Beraters eine entscheidende Rolle für die Vielfalt der Lösungsmöglichkeiten.

Dach

Schließlich ist da noch das Dach. Es sorgt dafür, dass der Innenraum und auch die Außenwände vor Regen und Sonne geschützt sind. Das Dach ist der Garant dafür, dass das gesamte Gebäude langfristig gesichert ist. Ist es ein Flachdach oder mit Giebeln versehen? Moosbewachsen oder mit Reet gedeckt? Wie viel Pflege bedarf es, diesen Schutz zu erhalten?

Im Beratungsprozess entspricht das Dach einem gelungenen Abschluss der Beratung, der die Prozessergebnisse nachhaltig sichert.

Fazit

So, wie sich ein Gebäude zusammensetzt aus Fundament, Wänden, Dach und Inneneinrichtung ist ein Beratungsprozess abhängig von verschiedenen Strukturen, die den Prozess beeinflussen. Andererseits müssen wir respektieren, dass die Individualität des Kunden im Zentrum dieses Prozesses steht. Dies ist ein ständiger, dialogischer Vorgang, indem Kunde und Berater beiderseitig gestalten und führen. Ganz im Sinne von obigem Zitat: *„Der Mensch prägt also die Architektur. Und auch umgekehrt: Architektur prägt den Menschen."* gilt hier: Kunde und Berater prägen die Architektur des Beratungsprozesses und die Qualität des Prozesses wird von dieser Architektur bestimmt.

Das Bild des Hauses wird im Folgenden mit vier Beratungsphasen verknüpft. Die erste Phase stellt das Fundament dar, die zweite die Außenwände, die dritte die Inneneinrichtung und die vierte das Dach.

Diese vier Phasen können wir in jedem Beratungsprozess erkennen. Unabhängig davon, ob es sich um ein eineinhalbminütiges Verkaufsgespräch oder um die Durchführung einer mehrtägigen Beratung handelt.

Sie werden feststellen, dass die Phasen unterschiedlich lang beschrieben sind. Dies liegt daran, dass besonders dem Anfang eine große Bedeutung beigemessen wird. Wir schätzen, dass mehr als 40% des Beratungserfolges vom Einstieg abhängen.

Die erste Phase der Beratung

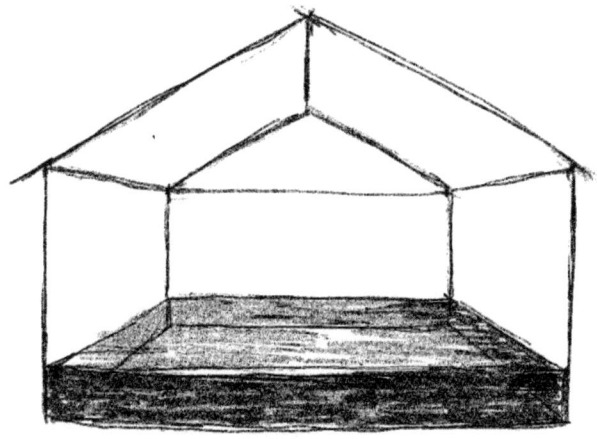

Abbildung 6: Das Fundament

Auf den Anfang kommt es an!

So wie eine Beratung anfängt, so endet sie meist!

Dieser Ausspruch bewahrheitet sich immer. Wenn der Anfang missglückt, kostet dies in den nachfolgenden Phasen übermäßig viel Zeit und Aufmerksamkeit.

Bei einem Fundament kommt es darauf an, zu erkennen, welche Beschaffenheit das Grundstück hat. Im Beratungsprozess sind dies, wie bereits gesagt, die Wertevorstellungen und persönlichen Erfahrungen des Kunden. Auf diesen basiert die Beratung. Das Fundament von Beratung ist die intensive Auseinandersetzung mit der Person des Kunden einerseits und mit der Umgebung der Beratungssituation andererseits. In dieser Phase geht es maßgeblich um die Beziehung zwischen Berater und Kunden. Stimmt diese Beziehung, fühlt sich der Kunde als Person wahrgenommen und die Ausgangssituation ermöglicht eine bessere Beratung.

Zu Beginn eines Gesprächs erleben wir die unterschiedlichsten Vorgehensweisen. Manch einer will direkt in die Beratung eintauchen, weil keine Zeit für ein kurzes Kennenlernen vorhanden zu sein scheint. Manch einer benötigt viel Zeit, um sich mit dem Berater anzuwärmen. Die Dauer dieser Phase sollte immer im Verhältnis zur Beratungslänge stehen, unabhängig davon, ob es sich um eine fünfminütige oder mehrtägige Beratung handelt. Keine Beratung sollte ohne die Anfangsphase beginnen. Sie entspricht einem Anwärmen der Beziehung zwischen Kunde und Berater.

Das Anwärmen ist immer der erste Schritt. Wir checken die Chemie, wir nähern uns der Persönlichkeit. Wir stellen in dieser Phase auch die Rahmenbedingungen unserer Beratung klar.

Die folgenden Beispiele zeigen unterschiedliche Beratungsanfänge. Sie finden in der Realität nicht so verdichtet statt, sollen hier aber das Wesentliche verdeutlichen.

Um verschiedene Perspektiven nachzuvollziehen nutzen wir die in der Einleitung genannten Rollenbilder, verändern diese jedoch gleich im Sinne einer Evokatorischen Beratung.

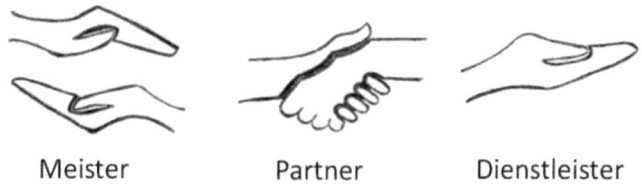

Meister   Partner   Dienstleister

Das lehrende Verhältnis des Meisters zum Lehrling, das partnerschaftliche Verhältnis in der Verkaufssituation und das dienende Verhältnis des Coaches zu seinem Coachee. Alle drei Beziehungen enthalten Beratungsanteile.

Anwärmen Meister

 *Während meiner Zeit als Lehrling soll ich mit dem großen Schlepper und der Fräse zum Feld fahren und den Boden bearbeiten. Ich setze mich schwungvoll auf den Schlepper, der vor der Scheune steht, und fahre los. Ein Krachen signalisiert mir, dass etwas mit dem Scheunentor nicht stimmt. Beim Umsehen stelle ich fest, dass die Fräse innerhalb der Scheune steht und am Schlepper befestigt ist. Das Schiebetor hat der Chef am Vorabend so weit wie möglich zugezogen. Ich bin einfach auf den Schlepper gestiegen und losgefahren. Das Scheunentor ist kaputt. Es ist klar, ich muss zum Chef und ihm das sagen. Ich weiß jedoch nicht, wie das Tor zu reparieren ist.*

Der Chef ist im Stall. Ich gehe also zu ihm hin und sage, „So ein Mist, Chef, ich habe das Scheunentor demoliert. Was machen wir jetzt? Kann man das wohl reparieren?"

Er schaut mich an, und sagt dann: „Laß uns das erst mal anschauen".

Wie hätten Sie als Chef reagiert?

Wir gehen also aus dem Stall zur Scheune. Auf dem Weg dorthin weist der Chef auf das schöne Wetter hin.

Das obengenannte Beispiel hat eine besondere Komponente: Es geht nicht um Vorwürfe, um Schuldzuschreibungen etc., sondern darum, etwas mehr Raum in die Situation zu bekommen. 'Entschleunigung' ist dafür ein guter Begriff. Die Feststellung nach dem schönen Wetter ist etwas, was signalisiert: Es gibt schöne Dinge und nicht so schöne. Wir sehen dann erst mal, was wirklich los ist.

Der Lehrling hat die Frage, ob das Tor repariert werden kann. Durch die Entschleunigung in der Anwärmphase mit dem Hinweis auf das schöne Wetter entsteht nicht nur für den Chef Raum zur Orientierung, sondern gerade auch für den Lehrling. Es entsteht eine Stimmung, in der er sich entlastet fühlt. Dies fördert das nachfolgende konstruktive Denken.

Anwärmen Partner

 *Ich ärgere mich über die Höhe meiner Telefonrechnung. Überall sehe ich Werbung für Flatrates in Festnetz und Mobiltelefonie, Datenübertragungsraten fürs Internet et cetera. Ich fühle mich im Tarifdschungel verloren. Die Rechnung wurmt mich in ihrer Höhe und ich brauche dringend einen anderen Vertrag. Also rufe ich die Hotline an.*

„Guten Tag, Telefongesellschaft XY, Sie sprechen mit Herrn Meier, was kann ich für Sie tun?"

Ich sage kurz, wer ich bin und was mein Anliegen ist.

„Kann ich bitte ihre Kundennummer haben?"

Und während der PC des Kundenberaters mich sucht, sagt er: „Ich sehe gerade, sie rufen aus München an – da ist doch gerade Oktoberfest. Da ist bestimmt Ausnahmezustand in der Stadt, oder?"

Wie hätten Sie als Verkaufsberater reagiert?

Mit der Frage nach dem Oktoberfest stellt der Kundenberater einen persönlichen Bezug zum Kunden her. Und zwar schnell.

Die Frage des Kundenberaters lässt dem Kunden totale Meinungsfreiheit. Er kann es lieben oder hassen, er kann auf die Stadt reagieren oder aufs Oktoberfest. Er kann seine Vorstellungen und Erfahrungen unbewertet einbringen.

Stellen Sie sich nun vor, sie würden als Kunde das Oktoberfest meiden, weil es Ihnen zu viele Menschen sind und hätten das in dieser Phase gesagt. Das kann für den Berater die Beziehungs-brücke zu Ihnen werden, in dem er aus ihrer Äußerung einen roten Faden für das Gespräch spinnt.

Und wenn er dann humorvoll obendrauf setzt, dass er einen besonderen Anti-Oktoberfest-Tarif für Sie gefunden hat, der nur für Menschen ist, die während des Oktoberfestes mit echten Freunden lange Telefonate führen wollen - was macht diese Vorstellung dann mit Ihnen?

Oft stecken in der Anfangsphase sehr viele Details, die für den Beratungsprozess eine hohe, emotionale Bedeutung in sich tragen. Wird auf den Anfang verzichtet, verliert der Prozess an Möglichkeiten, qualitative Lösungen zu finden.

Anwärmen Dienstleister

Als Führungskraft suche ich mir einen Coach zur Klärung verschiedener Führungs- fragen. Ich verabrede einen Termin zum Kennenlernen im Büro des Coaches und stehe zum verabredeten Zeitpunkt vor der Tür und klingele.

Der Coach öffnet mir persönlich die Tür und bittet mich hinein. „Guten Morgen Frau …, haben Sie gut hergefunden?" Er wartet tatsächlich auf meine Antwort. „Ich hatte zwar etwas Probleme einen Parkplatz zu finden, aber es hat dann doch geklappt. Sie hatten mich ja schon darauf hingewiesen, dass es mit öffentlichen Verkehrsmitteln leichter wäre."

Er nimmt mir den Mantel ab und verstaut ihn im Garderobenschrank. Währenddessen sehe ich mich im Vorraum um und entdecke ein Bild von einem Segelschiff.

„Segeln Sie?" frage ich den Coach.

„Ja, nicht ganz so sportlich wie auf dem Bild, aber sehr gerne und leider viel zu wenig" antwortet er „und Sie?"

Wir unterhalten uns darüber, dass ich schon verschiedene Törns in der Ostsee und im Mittelmeer gemacht habe. Er hat schon mal den Atlantik überquert und lange Zeit mit einer Jolle in Holland gesegelt.

„Lassen Sie uns mal Kurs auf den Besprechungsraum nehmen" sagt der Coach und wir beginnen in ganz entspannter Atmosphäre.

Wie hätten Sie als Coach reagiert?

Hier ist deutlich, dass der Coach bereits die erste persönliche Begegnung nutzt zum Anwärmen, Entschleunigen und Entspannen. Aus dem Dialog über das Segeln kann er Maßgebliches zu einer gemeinsamen Sprachebene mit der Führungskraft finden. Die Formulierung: 'Lassen Sie uns mal Kurs auf den Besprechungsraum nehmen', zeigt, wie der Coach die Führungskraft mit der eigenen Sprache führt.

Gemeinsamkeiten in den Beispielen

Alle drei sprachlichen Übergänge (Wetter, Oktoberfest und Kursnehmen) bewirken eine Leichtigkeit und dennoch eine Ernsthaftigkeit, die zeigt, dass der Berater den Kunden (Lehrling, Telefonkunde und Coachee) bei seinen Werten abholt. In allen drei Beispielen steht der Kunde nach dem Anwärmen dem Berater offener gegenüber. Er ist eher bereit, sich auf einen Prozess einzulassen und konstruktiv mitzudenken. Auch wenn sie recht kurz ausfallen, stellen sie in sich immer einen kleinen Prozess dar. Sie finden alle an klar definierbaren Orten statt (Hof, Telefon und Coachingpraxis). Es ist ein enger Spielraum, aber wir können ihn steuern.

Steuerungsfaktoren

Es gibt eine Vielzahl von Möglichkeiten, die der Berater gestalten kann. Wir nennen hier die wesentlichen vier Steuerungsfaktoren, die uns nicht nur während der Anwärmphase, sondern in allen anderen Phasen ebenso begleiten. Das Geheimnis dieser Faktoren ist, dass wir einerseits von ihnen abhängig sind, andererseits sie auch gestalten können. Adrian Beekmann nennt diese die ‚Vier Dimensionen des praktischen Lebens'.

Faktor Zeit

 Als Meister in der oben geschilderten Situation können Sie das Tempo bestimmen, mit dem Sie zum kaputten Scheunentor gehen. Sie bestimmen auch die Redegeschwindigkeit und die Länge der Pausen zwischen den Fragen.

Als Telefonverkäufer können Sie direkt fragen, wie viel Zeit der Kunde für das Beratungsgespräch hat, oder auch Zeitverläufe vorgeben zur Strukturierung: „Ich mache Ihnen jetzt mal eine Minute lang ein paar Vorschläge und dann beraten wir darüber." Auch hier spielt Redegeschwindigkeit und Pausenlänge hinter den Fragen eine immense Bedeutung.

Als Coach können Sie die Länge des Kennenlernens direkt bei der Terminvereinbarung klären. Sie nehmen wahr, ob der Kunde gehetzt oder gelassen kommt. In der Begrüßungssituation geht es darum, Zeit dafür zu lassen und dennoch auf den Sinn der Verabredung hinzusteuern.

Übung: Faktor Zeit

Ziel: Den Steuerungsfaktor Zeit wahrnehmen in seinen Auswirkungen.

Erinnern Sie sich an eine vergangene Anfangssituation und notieren Sie, wie Sie mit dem Faktor Zeit umgegangen sind.

_____

_____

_____

_____

_____

Wie hätten Sie anders mit dem Faktor Zeit umgehen können?

_____

_____

_____

_____

Machen Sie sich Gedanken darüber, wie sich das Zeitfenster für den Kunden darstellt: eingequetscht zwischen Arbeit und Kinder-von-der-Schule-abholen? Im Winter oder Sommer? In welcher Lebenszeit ist der Kunde – Schüler, Student, Berufsleben, Rentner?

In welcher Lebenszeit sind Sie selbst gerade? Nehmen Sie sich die Zeit, die gestellten Fragen für sich zu beantworten oder überfliegen Sie diese, um schnell zu sehen, was wir sonst noch schreiben? Ist Ihnen klar, dass die Wirkung, die Ihre Art von Lesen auf das Ergebnis hat, abhängig ist von der Zeit, die Sie diesen Fragen widmen?

Faktor Ort

 Sei es der Gang über den Hof, das Telefonat mit dem Kunden oder das Beratungsgespräch in einem Büro. Überall um sich herum nimmt der Kunde mit seinen Sinnen wahr, was mit dem Faktor Ort zu tun hat.

Was passiert, wenn der Hofplatz unaufgeräumt ist oder aber sauber gefegt? Wie würde die Situation erlebt, wenn es kalt wäre oder regnet? Auch die Lautstärke im Stall oder auf dem Hof spielt eine Rolle.

Bei der Telefonberatung wirken Hintergrundgeräusche zum Beispiel von anderen Beratern oder Kinderweinen, Baulärm und Verkehrsgeräusche. Totale Stille wirkt auf den Einen befremdlich und ist für den Anderen wohltuend. Sprechen Sie mit einer Freisprecheinrichtung? Halten Sie den Hörer in der Hand, wie schwer ist der Hörer? Sitzen Sie auf einem weichen Sessel oder stehen Sie beim Telefonieren?

Und wie ändert sich eine Gesprächssituation im Coaching, wenn sie am Tisch über Eck sitzen oder sich gegenübersitzen? Hat der Kunde den Blick zum Fenster hinaus oder eher den Blick zur Tür? Die Farbgestaltung des Flures wirkt ebenfalls. Seine Breite und die Struktur der Wände nehmen Einfluss auf den Klang der Stimme oder die Distanz zueinander.

Ortsqualitäten treten zutage in den Materialien, die Sie verwenden. Auch harmonisierende Proportionen und Farbgebungen haben Einfluss auf die Qualität der Begegnung mit dem Kunden. Weitschweifender Blick oder enge Kammer, großer oder kleiner Tisch – oder überhaupt einer?

Auch bei der Ausgestaltung der Visitenkarten, der Schwere der Stifte, handschriftlich oder maschinell geschriebener Texte, Kunstdrucke oder Fotos – überall erleben Sie den Faktor Ort.

Übung: Faktor Ort

Ziel: Erfahrungen im Umgang mit dem Faktor Ort reflektieren.

Erinnern Sie sich an eine vergangene Beratungssituation. Wie war der Faktor Ort darin erlebbar? Skizzieren Sie kurz die ihnen auffallenden Ortsqualitäten in Stichpunkten.

_____

_____

_____

_____

Was könnten Sie anders gestalten?

_____

_____

_____

_____

_____

Faktor Beziehung

 Bleibt der Meister freundlich und verständlich, wenn er zum kaputten Scheunentor geht, oder wird er wütend? Hält sich der Telefonverkäufer an die Höflichkeitsregeln oder fängt er einfach an, den Kunden zu duzen? Darf der Coach den Coachee in besonderen Situationen auch mal in den Arm nehmen?

Es gibt sehr viele Möglichkeiten, Beziehung zu gestalten. Gestik, Mimik, Sprache, Intonation ...

In der Regel erleben wir schon beim ersten Kontakt jenes fast unbeschreibliche 'Bauchgefühl', welches uns oft sagt, ob wir jemanden sympathisch oder abstoßend finden. Wichtig für den Beratungsanfang ist nicht unbedingt eine sympathische Beziehung. Es geht eher darum, sich über dieses Bauchgefühl klar zu werden. Wenn der Kunde mir persönlich sympathisch ist, gelingt Beratung immer leichter. Wenn der Kunde mir persönlich unsympathisch ist, kann Beratung dennoch gelingen, wenn ich mich für seine Problemstellung interessiere. 'Inter-esse' bedeutet 'Dazwischen-Sein'.

‚Jeder Mensch hat etwas, was ihn antreibt!' lautet der bekannte Werbespruch einer Bank. Tatsächlich gibt es in uns Motivationen, die unser Denken und Handeln bestimmen. Damit geben sie den uns

51

umgebenden Dingen mehr oder weniger Wertigkeit. Beispielsweise haben viele Menschen die innere Motivation nach Sicherheit. Für diese Menschen hat der Abschluss einer Versicherung einen deutlich höheren Wert als für Menschen, die diesen inneren Antrieb nicht so ausgeprägt haben.

Wenn ich als Berater die Motivationen und damit die Werte meines Kunden ansatzweise erkennen und akzeptieren kann, entsteht das Gefühl von Beziehung.

Interesse für die Problemstellung des Kunden bedeutet für mich als Berater auch aus meiner eigenen Befindlichkeit heraus zu gehen, zwischen Kunde und Problem, um mich in den Dienst der Lösung zu stellen. Das gelingt umso besser, wenn ich mein 'Bauchgefühl' und meine eigenen, inneren Antriebe klar kenne.

Der Meister kann seine Beziehung zum Lehrling gestalten durch den Grad des Interesses an der Entwicklung des Lehrlings und sogar seiner eigenen. Dies kennzeichnet seinen Anspruch an die Beziehungsqualität.

Die Frage des Telefonberaters nach dem Ausnahmezustand beim Oktoberfest dient dem Beziehungsaufbau. Gerade dadurch, dass sie nicht wertend ist, ermöglicht sie dem Kunden eine offene

Reaktion. Ich fühle mich als Kunde gut aufgehoben – der Typ ist ok.

Der Coach benötigt den Beziehungsaufbau am stärksten und verwendet darauf sicherlich die meiste Zeit. Er erlaubt den Fragen der Führungskraft zu wirken und lässt den Dialog bewusst zu.

Übung: Beziehung
Ziel: Beziehungsqualität erkennen und gestalten

Erinnern Sie sich an eine konkrete Kundenbegegnung.

Sollten Sie ihren Kunden gewöhnlicherweise siezen, dann stellen Sie sich nun vor, dass Sie ihn duzen – oder umgekehrt.

Notieren Sie, wie es sich für Sie selbst und für ihren Kunden wohl anfühlen mag.

Für mich:

_____

_____

_____

_____

_____

Für meinen Kunden:

_____

_____

_____

_____

_____

Mit welchen Begriffen beschreiben Sie Beziehungsqualitäten, außer mit 'sympathisch' und 'abstoßend'?

_____

_____

_____

_____

_____

Bei uns Autoren ist in der persönlichen, langjährigen Zusammenarbeit aus der gegenseitigen Beratung eine Freundschaft entstanden. Diese Beziehung klären wir immer wieder neu durch die gegenseitige Rückfrage, ob wir uns gerade in einer Beratung befinden oder nur einfach als Freunde zusammensitzen.

Magie

Auch wenn jeder Faktor (Zeit, Beziehung und Ort) für sich alleine betrachtet beschrieben werden kann, so liegt die Magie in der Abhängigkeit von den jeweils anderen beiden.

Genauer betrachtet merkt man hier deutlich, wie die Beziehungsgestaltung gerade durch die Veränderung der Orts- und Zeit-Faktoren maßgeblich beeinflusst wird. Auch die Ortsqualitäten werden von den Faktoren Beziehung und Zeit beeinflusst. Und die Zeitqualitäten durch Orts- und Beziehungsfaktoren. Alle drei sind miteinander so verwoben, dass eine Änderung in einem Faktor eine Auswirkung auf die beiden anderen hat.

Abbildung 7: Inhalte - Beziehungen - Prozesse

Jede Situation im Rahmen von Beratung kann der Berater mit diesen drei Faktoren beschreibbar und damit bewusster machen. Gleichzeitig werden durch den Beziehungsfaktor die Emotionen (Herz) angesprochen, durch den Ortsfaktor vermehrt unsere bewusste Wahrnehmungsfähigkeit und

Kognition (Kopf) und durch den Zeitfaktor unser Umsetzungswille (Hand). Kopf, Herz und Hand kommen zusammen und bewirken so die Magie dieses Dreigestirns.

Übung Magisches Dreieck

Ziel: Bewusstmachen der Beziehung zwischen den drei Faktoren Ort, Zeit und Beziehung.

Erinnern Sie sich an eine Eröffnungssituation einer Beratung: Wie haben Zeit, Ort und Beziehung miteinander gewirkt?

Wie hätte sich die Zeit verändert, wenn sich am Ort oder an ihrer Beziehung etwas verändert hätte?

_____

_____

_____

_____

_____

Wie hätte sich der Ort verändert, wenn sich an der Zeit oder an ihrer Beziehung etwas verändert hätte?

_____

_____

_____

_____

_____

Wie hätte sich die Beziehung verändert, wenn sich am Ort oder an der Zeit etwas verändert hätte?

_____

_____

_____

_____

_____

Faktor Geld

 Selbstverständlich kostet Beratung Geld. Dieser vierte Faktor verhält sich etwas anders:

Der Meister zahlt dem Lehrling ein Lehrlingsgehalt. Der Lehrling verzichtet zugunsten seiner ‚Beratung' auf einen Teil seines Gesellengehaltes. Kosten für Schäden während der Ausbildung und Ausfallzeiten müssen im richtigen Verhältnis zu den Ausgaben für den Lehrling stehen. Hier behält der Meister sein Lehrgeld für die Beratung ein.

Der Telefonverkäufer erhält seine Provision in Abhängigkeit des Auftragsvolumens. Das Geld für die

Beratung wird mit dem Produktpreis, also indirekt, bezahlt.

Der Coach erhält sein Beratungshonorar gegen Rechnungstellung direkt von der Führungskraft.

Alle drei aber gestalten für das Geld, dass sie erhalten, Situationen für den Kunden, die sich durch Ortsfaktoren, Zeitfaktoren und Beziehungsfaktoren beschreiben lassen.

Das Magische Dreieck

Wir sprechen daher von einem Magischen Dreieck, welches die Faktoren Ort, Zeit und Beziehung zueinander darstellt. Als Fazit eines optimalen Zusammenwirkens dieser drei Faktoren entsteht der vierte in Form von Geld.

Die folgende Abbildung ergänzt das oben gezeigte Dreieck mit dem Faktor Geld als Resultat einer gesunden Mischung der drei anderen Faktoren.

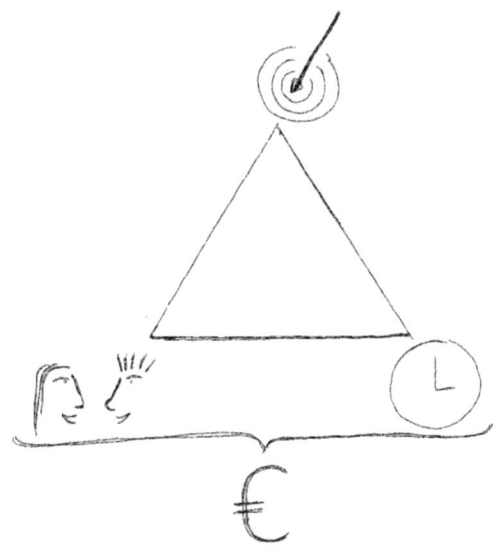

Abbildung 8: Magisches Dreieck

Immer mehr wird den Menschen heutzutage bewusst, dass Zeit, Beziehung und Ort ihre Lebenszufriedenheit bedingen. Nicht das Geld, sondern das, was daraus gemacht wird, macht glücklich - weil es Sinn stiftet. Der alte Glaube, Geld mache glücklich, weicht dem neuen Bewusstsein, dass Lebensqualität sich durch sinnstiftendes Betätigen ergibt. Geld ist in allen Fällen ein Mittel zum Zweck, beziehungsweise Tauschmittel für die drei anderen Faktoren. Es ermöglicht, dass Orte, Zeiten und Beziehungen gestaltet werden, damit sie sinnstiftend zur Problemlösung des Kunden beitragen.

Zu einem guten Werkzeug können diese Faktoren Ort, Zeit, Beziehung und Geld werden, wenn folgendes gelingt:

- Wir müssen mit unseren Sinnen diese Faktoren wahrnehmen
- Wir müssen unseren Kunden über deren Sinne diese Faktoren zugänglicher machen.

Dann können die Kunden Lösungen aus sich selbst heraus entwickeln. Diese sind deutlich motivierender und nachvollziehbarer als Lösungen von außen.

Daher wollen wir uns im nächsten Kapitel ausführlich mit unseren Sinnen beschäftigen.

Die Sinne

Wie viele Sinne gibt es? Diese Frage haben wir oft gestellt und am häufigsten die Antwort 'Fünf' erhalten. Und dann begann das Aufzählen: Hören, Schmecken, Tasten, Riechen, Sehen. Gleich darauf aber meldet sich einer und fragt: „Und was ist mit dem siebten Sinn?" Und schon merken wir: da gibt es doch noch mehr. Denn wer nach dem Siebten fragt, muss einen Sechsten kennen. Zum Beispiel den Gleichgewichtssinn. Doch das kommt uns häufig fremd vor. Eher wird der sechste Sinn mit dem

Bauchgefühl verbunden, welches uns alarmiert, wenn etwas nicht ganz richtig läuft.

Über unsere Sinne erschließt sich uns die Welt um uns herum. Nur wenige sind an eindeutige Sinnesorgane gebunden – andere wiederum an Kombinationen verschiedener Sinnesorgane. Interessanterweise verbessert sich unsere Sinnesfähigkeit nicht, indem wir genauer verstehen, wie die einzelnen Organe funktionieren. Vielmehr müssen wir lernen, unsere Sinne zu nutzen, um besser wahrzunehmen. Der Reformpädagoge und Künstler Hugo Kükelhaus entwickelte Spielstationen zum Arbeiten mit den eigenen Sinnen. Ausgehend von den Erkenntnissen aus der Embryologie postulierte er bereits in den 60er Jahren des vergangenen Jahrhunderts, dass zur Entwicklung der Organe des Menschen eine Sinnesentwicklung und Nutzung aller Sinne nötig sei. Dabei sei es nicht das Auge, was sehe oder das Ohr, was höre, sondern immer der ganze Mensch. Die Neurobiologie der heutigen Zeit verifiziert diese Aussagen sehr deutlich, wenn die beiden derzeitig bedeutendsten deutschen Neurobiologen Manfred Spitzer und Gerald Hüther unterstreichen, dass die Hirnentwicklung durch aktive Sinnestätigkeit zeitlebens stattfindet.

Es geht darum, unsere Sinne im Ganzen zu nutzen, um die Wahrnehmung des anderen Menschen, der

Strukturen und der Prozesse, in denen er steht, zu verdichten.

Um hier Anstöße zu geben, welche Sinne wir wie erfahren können, stellen wir hier neben den fünf traditionell gelehrten Sinnen auch noch die sieben weiteren Sinne aus der Sinneslehre der Waldorfpädagogik dar. Wir folgen dabei einer Darstellung von Dr. Michaela Glöckler.

Mit gestärkten Sinnen ist es uns als Berater leichter möglich, ganzheitlich die Situation wahrzunehmen. Gelingt es uns zusätzlich auch die Sinne des Kunden zu stärken, erweitert er seine Palette an Lösungsmöglichkeiten ungemein.

Der Hörsinn

Über das Ohr, aber auch über die Haut empfangen wir den Schall. Wir können durch das Hören Räume entdecken: Schall und Echo, Richtung und Entfernung erschließen sich über das Hören. Wir können durch Klopfen auf Gegenstände die physikalische Dichte hören. Umgangssprachlich ist die Frage nach dem richtigen oder guten Ton in der Begegnung ein wichtiges Merkmal für die ständige Präsenz dieses Sinnes. Wir können das Hören nicht abschalten. Es ist ein 'Gefahrsinn', der uns vor Überraschung schützt.

'Die Ruhe vor dem Sturm' oder auch die ‚Pause nach dem letzten Ton' eines Orchesterstückes weisen uns auf die innere Seite des Hörens hin. Wir sprechen oft vom Zu- oder Hinhören und meinen damit, jenen Pausen Gehör zu schenken, in denen der Kunde denkt. Es bedarf der Zeit, dass sich innerliche Prozesse sowohl beim Kunden als auch beim Berater abspielen können. Die Pausen, die wir gestalten, vertiefen das Hören.

Der Geschmackssinn

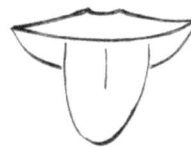 Im Schmecken gibt es verschiedene Richtungen: Bitter, sauer, salzig, süß oder, seit neuerer Zeit auch 'umami', der Geschmack, der mit den Geschmacksverstärkern der asiatischen Küche verbunden wird. Das entsprechende Sinnesorgan ist die Mund- und Rachenhöhle und die Zunge. Schärfe wird zwar im Mund wahrgenommen, wird biologisch jedoch als Reaktion der Wärme und Schmerzrezeptoren erklärt.

Auch der Geschmackssinn gehört zu den Gefahrsinnen. Bitter und scharf oder sauer warnen uns oft vor Vergiftungen. Oft bleibt ein 'übler Nachgeschmack' wenn uns eine Situation nicht 'gemundet' oder gefallen hat.

Über den Geschmack lassen sich Qualitäten herausfinden. In unseren Redewendungen finden wir dies in Beispielen, wie 'das ist Geschmackssache', oder 'Die Sache schmeckt mir nicht!'

Wenn man Kunden zum Geschmack einer Situation befragt und ihm die Möglichkeit gibt, für sich die Geschmacksrichtungen darin zu benennen, empfindet er die Situation nach diesem Prozess häufig anders als vorher. Er kann dann gegebenenfalls später im Prozess formulieren ‚die Situation ist nicht mehr so bitter für mich'.

Der Tastsinn

Allgemein wird die Haut als das Organ des Tastens beschrieben. Auch der Mundinnenraum und die Lippen spielen hier eine große Rolle. Es gibt jedoch Bereiche und Erscheinungen, die darauf schließen lassen, dass mit der Haut mehrere Sinne verbunden sind. Wärme und Kälte, eckig oder rund, hart oder weich. Beim Tasten geht es um die Erfahrung: Wo höre ich auf, wo fängt das Andere an, was ist innen, was ist außen?

In der Beratungssituation erlebt der Kunde, ob er sich anlehnen kann. Der Händedruck zur Begrüßung oder auch Stift und Papierqualität zum Aufzeichnen von Notizen werden auch mit dem Tastsinn erfahren und lösen unbewusste positive oder negative Gefühle aus. An den Verkaufstresen befanden sich früher Ablagen für die Handtaschen. Diese sind mittlerweile dem Designanspruch gewichen. Die daraus resultierende Not, wohin mit der Tasche, führt zu einer Einschränkung der Beratungssituation, weil dann die Tasche festgehalten werden muss.

Der Geruchssinn

 Obwohl wir viele Gerüche unterscheiden, können wir sie meist nicht benennen. Über unsere Nase können sie in verschiedene Duftkategorien von blumig, ätherisch und moschusartig bis schweißig und faulig eingeteilt werden. Der Geruchssinn ist bereits bei der Geburt vollständig ausgereift. Geruch ist extrem flüchtig und lässt sich nur kurz erinnern. Viel stärker treten jedoch beim Riechen innere Bilder in die Erinnerung. Riechen wir zum Beispiel Linoleum, denken viele zurück an die Schule. Oder beim Geruch von Reinigungsmitteln an Toiletten. Bei den Weinproben wird in kurzen Atemzügen intensiv geschnüffelt und dann gewartet, welche inneren Bilder und Geruchsnoten sich entwickeln. Bedeutsam ist die Stärke dieser inneren Bilder. Der Geruch macht uns auch ganz stark Lust auf etwas. Denken Sie nur an den Duft frischer Brötchen oder Waffeln, dazu ein frisch aufgebrühter Kaffee.

Geruch gehört ebenfalls zu den 'Gefahrsinnen'. Er lässt uns Veränderungen erkennen, nicht jedoch andauernde Zustände.

In der Beratungssituation wirkt 'dicke Luft', abgestandener Rauch oder 'aufdringliches Parfüm' extrem störend. Geruch hat auch wesentlich mit der 'Chemie' zwischen Berater und Kunde zu tun.

Es kann dem Kunden helfen, wenn wir ihn – analog wie beim Geschmack – nach dem Geruch der Situation fragen und ihn unterstützen, diesen zu beschreiben.

Der Sehsinn

 Über das Auge nehmen wir die optischen Reize wahr. Sie erschließen sich uns durch Helligkeit, Farbe, Kontrast und Bewegung. Der Fokus auf den Sehsinn in der heutigen Zeit führt dazu, dass wir die anderen Sinne oft vernachlässigen. Die Dichte der Bilder, die auf uns durch Medien und Marketing einwirkt, ist außerordentlich hoch. Oft sehen wir Dinge nur noch, wenn wir uns innerlich mit entsprechenden Fragen beschäftigen: Die schwangeren Frauen, wenn wir selbst Eltern werden, das Traumauto, vor dem eigenen Autokauf… „Du siehst, was Du denkst" sagt Lex Bos dazu – Soziologe und Unternehmensberater aus den Niederlanden.

Wenn wir in der Beratung Skizzen anfertigen oder Bilder vom Kunden zeichnen lassen, können wir gewiss sein, dass wir etwas Anderes sehen, als der Kunde. Genau diese Unterschiedlichkeit im Sehen jedoch führt dazu, dass wir den Kunden in neue Sichtweisen führen können.

Auch in der Verkaufsberatung hilft es oft entscheidend, wenn der Kunde sein Problem skizziert. In Seminaren spielt die Darstellung auf dem Flipchart oder in der Präsentation eine entscheidende Rolle für das 'Er-Innern'. Weniger ist oft mehr. Je einfacher und klarer das Bild, desto besser. Gleichzeitig trage ich als Berater die Verantwortung dafür, dass der Kunde 'innehalten' kann und die Zeit hat, sich das Bild zu 'verinnerlichen'.

Der Lebenssinn

 Der Lebenssinn macht die Tätigkeit unserer Organe wahrnehmbar. Seine Tätigkeit nehmen wir wahr, wenn der Körper deutlich andere, als normale Verhaltensweisen zeigt als ein Durchbrechen der inneren Ordnung. Luftnot bei großem Stress oder Herzklopfen bei starker Freude. Wir fühlen Mattigkeit oder Ermüdung in uns. Wir hören oder riechen diese nicht, aber nehmen sie im selben Sinn wahr, wie wir einen Geruch oder einen Ton

wahrnehmen. Unbehagen oder Wohlbefinden sind die Erkenntnis.

In der Beratung geht es darum, dem Kunden zu ermöglichen, sein Unbehagen oder Wohlbefinden zu erkennen und ernst zu nehmen. Unter lebensbedrohlichen Umständen erwachsen den Menschen oft ungeahnte Fähigkeiten. Dies weist darauf hin, welche lebensbeeinflussenden Kräfte dieser Sinn auslösen kann. Die Fähigkeit dieses Bauchgefühl zu erkennen und damit zu agieren hat für die Beratungsqualität und die Umsetzungschancen ebenfalls großen Einfluss.

Der Bewegungssinn

 Der Bewegungssinn vermittelt die Wahrnehmung der eigenen Bewegung und ermöglicht damit ein Freiheitserlebnis und Gefühl der Selbstbeherrschung. Wir nehmen die Eigenbewegung über unsere Muskelspindeln wahr. Gerade die Ausgestaltung eines Besprechungsraumes wirkt hier qualitativ auf den Beratungserfolg ein: Kann sich der Kunde ausreichend im Raum bewegen, ohne sich darin zu verlieren? Übergroße, repräsentative Besprechungsräume oder zu kleine, eng gestaltete Büros beeinflussen das Freiheitsgefühl oft negativ. Häufig verhindert die Sitzordnung oder die

Anordnung der Tische, dass eine Bewegung 'im menschlichen Maß' möglich ist.

Führen wir diese Bewegung aber herbei, indem wir zu ihr auffordern, erleben wir oft ein Aufatmen und aktiveres Mitgestalten an den Beratungsprozessen. Dies ist auch mit ein Grund, warum sogenannte aktivierende Auflockerungen in Seminaren stattfinden. Verkäufer, die gemeinsam mit ihren Kunden zum Regal gehen, wirken damit auf den Bewegungssinn.

Der Gleichgewichtssinn

Das Bogengangsystem im Innenohr ist das dazugehörige Wahrnehmungsorgan. Er vermittelt uns unsere Lage im Raum und das Gefühl von Balance. Bei Seekrankheit wirkt oft sehr schnell, wenn der Betroffene ans Steuerruder geht. Von dort kann er seine Position zum Horizont und seinen Einfluss darauf durch die Schiffsteuerung aktiv betreiben und ist dem Schlingern des Schiffes nicht unbeholfen ausgeliefert.

Insgesamt geht es darum, 'die Balance zu finden'. 'Die Sache ist rund' aber auch 'das passt nicht zusammen' können Ausdrücke für die vorhandene oder fehlende Balance sein. Wir empfinden symmetrische Gesichter zwar als sehr schön und perfekt, sie verlieren jedoch an Spannung und Interessantheit. Es ist uns mit dem Gleichgewichtssinn ein Bedürfnis den Prozess zwischen Dissonanz und Harmonie immer wieder zu durchleben. Im Prozess des Gehens lösen wir ständig unser errungenes Gleichgewicht wieder auf, um an einer neuen Position kurzzeitig ein neues Gleichgewicht zu finden. Eine Beratung sollte daher zwischen Harmonien und Dissonanzen, zwischen Standpunkten und Prozessen dem Kunden die Möglichkeit bieten, selbst aktiv sein Gleichgewicht wieder zu finden.

In der Begrüßungssituation kann man mit der eigenen, aufrechten Körperhaltung dem Kunden signalisieren, dass wir ihm 'aufrichtig' gegenüberstehen.

Der Wärmesinn

 Über die Wärmerezeptoren in der Haut nehmen wir unsere Umgebung im Hinblick auf Kälte und Hitze wahr. Überheizte Räume, menschliche Kühle, übertriebene oder unechte Herzlichkeit, hängen mit dem Wärmesinn zusammen. In unseren Redewendungen finden wir Begriffe wie 'sich für eine Sache erwärmen' oder 'Feuer und Flamme' für etwas sein, 'für etwas brennen'.

In der Beratung müssen wir für eine angemessene Raumtemperatur sorgen. Wird die Diskussion hitzig, müssen wir das Fenster öffnen, wird es zu kühl, 'den Kamin anheizen'. In Geschäften wird darauf geachtet, dass die Mitarbeiter in ihrer Kleidung sich noch wohlfühlen, aber die Kunden die Mäntel nicht ausziehen müssen.

Der Sprach- und Wortsinn

Er entwickelt sich mit zunehmender Sprachfähigkeit. Wir prüfen mit ihm die Stimmigkeit zwischen innerem Erleben und äußerer Handlung. Wir verwenden unsere Stimme, um zum Ausdruck zu bringen, was uns innerlich bewegt. Auch beim Schreiben dieses Buches ringen wir um die 'richtigen Worte' und folgen damit unserem inneren Bedürfnis, ‚stimmige Aussagen' zu treffen.

Schon in der Begrüßung wirkt durch die Wortwahl, die Betonung und Satzmelodie, aber auch die Tonlage, ob wir als authentisch oder als heuchlerisch wahrgenommen werden. Die freundliche Begrüßung, obwohl der Verkäufer keine Lust dazu hat, erkennen wir durch unseren Sprach- und Wortsinn. Da Beratung in der Regel in Gesprächsform abläuft, gilt es hier besonders hohe Aufmerksamkeit darauf zu lenken. Wenn ich als Berater eine innerlich positive Haltung zum Kunden habe, fällt es deutlich leichter, den richtigen Ton zu finden.

Der Gedankensinn

 Er entsteht durch das Verständnis von Zusammenhängen. Das Empfinden von sinnvoller Betätigung hängt damit zusammen, dass wir nicht mehr nur auf einzelne Objekte unsere Sinne fokussieren, sondern diese mit unserem Denken in Zusammenhänge bringen. Der Dialog mit anderen Menschen ermöglicht die Wahrnehmung von Sinnzusammenhängen. Wir kennen alle die Momente in Gesprächen, bei denen wir das Gefühl haben 'jetzt macht es Sinn, jetzt stimmt's.' Dieser 'Aha-Effekt' kann auch mit 'Erkenntnis' bezeichnet werden.

Oft geht es in der Beratung darum, dem Kunden seine Gedankengänge so zu spiegeln, dass sie für ihn wieder Sinn machen oder in einem neuen Sinn erscheinen. Schon in der Begrüßung muss uns als Berater klar sein, dass wir anderen Gedanken-zusammenhängen begegnen als unseren eigenen. Was ich aus diesen Unterschieden mache, zeigt sich im Prozess der Beratung.

Der Ichsinn

Der Ichsinn entwickelt sich durch die Erfahrungen mit dem Tast- und Hörsinn, sowie dem Sehsinn. Wir erkennen mit ihm das 'Ich' des Anderen. Er ist verbunden mit dem Gefühl, dass uns ein Mensch mit eigener Meinung und eigenen Vorstellungen gegenübersteht. Er befähigt uns zu erkennen, dass hinter der zu beratenden Fragestellung ein Mensch mit Entscheidungsmöglichkeiten und persönlichen Stärken und Schwächen steht.

Oft formulieren Kunden Probleme als allgemeine Situationen, in denen ‚man' dies oder jenes tun sollte. Bewege ich den Kunden dazu, statt ‚man' ‚ich' zu sagen, verdichtet sich die Bedeutung der Aussagen ungemein. Er erlebt sich intensiver als Handelnder und Entscheidungsträger.

Die Fähigkeit des Beraters liegt darin, die Einzigartigkeit des Gegenübers zu erkennen und mit ihm den individuellen Lösungsweg zu seiner Fragestellung zu begleiten.

Fazit

Alle Sinne arbeiten in der Regel ohne unser Bewusstsein. Die bewusste Nutzung der Sinne muss daher geübt werden. Als Rückschluss auf die Beratungssituation gilt: Je mehr Sinneskanäle angesprochen werden, desto größer ist der Beratungserfolg. Je bewusster wir in der Anfangsphase mit unseren Sinnen auf den Kunden eingehen, desto eher werden wir dem Kunden seine Lösung ermöglichen.

Aus den modernen Lerntechniken wird bestätigt, je unterschiedlicher wir uns einen Lernstoff aneignen, desto vielfältiger sind die Möglichkeiten des Erinnerns und Behaltens. Frederic Vester schreibt, dass die Erinnerungsquote deutlich ansteigt, je mehr Sinne am Lernprozess beteiligt sind:

- Nur Hören = 20%
- Nur Sehen = 30%
- Sehen und Hören = 50%
- Sehen, Hören und Diskutieren = 70%
- Sehen, Hören, Diskutieren und Tun = 90%

Konfuzius hat dies ca. 500 v. Christus schon in dem viel zitierten Satz „Erzähle mir und ich vergesse. Zeige mir und ich erinnere mich. Lass es mich tun und ich verstehe" zusammengefasst.

Zusammenfassung erste Phase

Wir können nun erkennen, dass in den unterschiedlichsten Anfangssituationen von Beratungen grundlegende Elemente vertreten sind. Diese haben wir mit dem Magischen Dreieck als Orts-, Zeit-, Beziehungs- und Geldfaktoren beschrieben.

Darüber hinaus hilft uns die Beschäftigung mit unseren Sinnen, die Anfangssituation genauer zu beobachten und gleichzeitig besser zu gestalten.

In Bezug auf unser Beratungshaus können wir sagen: In der Auswahl der Materialien für unser Fundament zeigt sich, wie sicher das Gesamtgebäude später stehen wird. Gleichzeitig ist auch klar, dass auf einem Felsgrundstück ein anderes Fundamentmaterial benötigt wird, wie auf einer Moorlandschaft oder für ein Hausboot. Wir sehen aber, dass die Grundelemente dennoch in allen Fundamenten enthalten sein müssen – ihr Mischungsverhältnis ändert sich nur.

So wie das Fundament über die Nachhaltigkeit des Gebäudes bestimmt, bestimmt die Anfangsphase die Qualität des Beratungsergebnisses. Wenn Sie als Berater nicht zumindest ein Gefühl davon bekommen haben, dass alle genannten Faktoren aus dem Magischen Dreieck und ein gesundes Maß an verschiedenen Sinnen im richtigen Mischungsverhältnis in die Anfangsphase eingeflossen sind, verlassen Sie diese Phase noch nicht. Erst wenn Sie ein gutes Gefühl der Stimmigkeit dieser Faktoren und Sinne haben, gehen Sie in die zweite Phase.

Die zweite Phase der Beratung

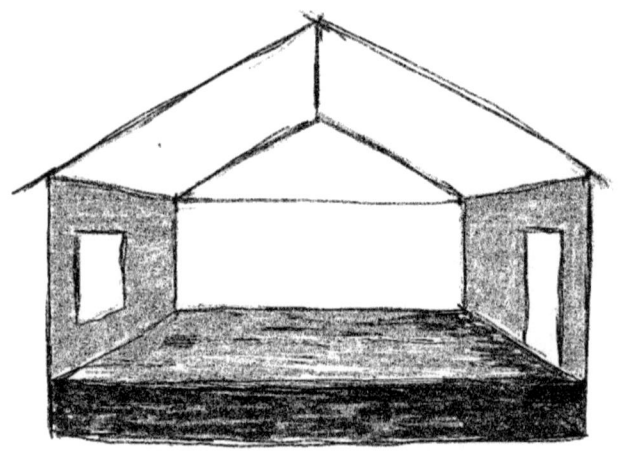

Abbildung 9: Die Wände

Nachdem wir uns im vorherigen Kapitel die Baumaterialien für die Erstellung eines guten Fundamentes angesehen haben, geht es in der zweiten Phase nun darum, die Außenwände zu definieren. Die Außenwände trennen das Außen vom Innen. Sie geben dem Haus Sicherheit und Struktur. Durch die Anordnung von Fenstern und Türen wird das mögliche Innenleben beeinflusst. Gleichzeitig entsteht Wirkung nach außen: Ist es ein Leuchtturm mit kleinen Fenstern oder ein Bungalow mit großen Glasfronten? Ist es eine Lagerhalle oder ein Ferienhaus?

In der Beratung entsprechen die Außenwände der Schärfung der Frage des Kunden. Eine wirklich gute Frage gibt dem Beratungsprozess Struktur und Sicherheit und entspricht dem Kunden auch emotional. Sie passt zu ihm, wie das äußere Erscheinungsbild des Hauses.

Die ‚Richtige Frage' finden

Sie erinnern sich an das kaputte Scheunentor, die Verkaufssituation am Telefon oder das Führungskräftecoaching. In allen drei Prozessen muss es sinnvoll weitergehen. Am Ende der Beratung sollte eine gute, umsetzbare Lösung für alle drei Probleme stehen.

Gerade weil wir als Berater in der Regel Lösungen bieten wollen, tendieren wir zu oft dazu, diese Lösungen vorschnell dem Kunden zu unterbreiten. Häufig wundern wir uns dann, warum der Kunde die von uns vorgeschlagenen Lösungen nicht umsetzen kann. Der Grund dafür liegt in der gelernten Kultur im Umgang mit Fragen:

Wir sind gewohnt, auf unsere Fragen direkt Antworten zu bekommen. Wir sind auch gewohnt nur gewisse Fragen zu stellen, die unserem Erfahrungshorizont entsprechen.

Da der Berater den Erfahrungshorizont des Kunden nicht kennt, ist die Wahrscheinlichkeit, dass seine direkte Antwort für den Kunden umsetzbar ist, verhältnismäßig klein. Der Berater muss daher versuchen, eine Kernfrage des Kunden herauszufinden, an der der Kunde seine Lösungen entwickeln kann. Diese Suche nach der ‚Richtigen Frage' stellt sich heraus als ein Schlüsselelement der Evokatorischen Beratung.

Das Geheimnis der guten Beratung ist es also, an genau diese Frage heranzukommen. Sie ist häufig verborgen in vielen uns unbewussten Fragen, mit denen wir sowieso leben.

In der zweiten Phase arbeiten wir daran, aus diesen unbewussten Fragen die ‚Richtige Frage' zu entwickeln.

Frage des Meisters

 *Mit dem Meister gehe ich über den Hof zum Scheunentor. Beim Betrachten des Schadens äußere ich mich noch mal sehr bedauernd. Der Chef sagt, „Das nutzt ja nichts, es muss wohl wieder heile werden!" In meinem Kopf schwirren eine Vielzahl von Fragen herum: Wie schwer ist das Tor beschädigt? Müssen wir die Versicherung kontaktieren? Benötigen wir einen Schreiner von außen? Können wir es selbst reparieren? Wenn wir es selbst reparieren könnten, brauchen wir dann trotzdem noch Hilfe von außen?*

Der Meister fragt mich: „Welche Fragen gehen dir denn im Kopf herum?" Ich nenne ihm ein paar davon. Dann fragt er mich: „Welches Ziel willst Du denn erreichen?

„Ich möchte, dass ich das Tor selbstständig reparieren kann und keine Schadenersatzforderung auf mich zukommt". „Und was hast Du bisher erfahren, dass Du sagen kannst, ‚ich kann das Tor selbstständig reparieren'?"

Aus dieser Vielzahl von Fragen kristallisiert sich langsam meine eigentliche Beratungsfrage heraus: „Was müssen wir beachten und tun, um das Tor eigenständig reparieren zu können?"

Von den oben aufgeworfenen Fragen entwickelt sich eine konkrete Frage. Ein Teil der anderen Fragen findet sofort eine Antwort durch das Betrachten der Situation: Die Schwere der Beschädigung stellt sich als selbst reparabel heraus. Damit ist die Frage nach dem Schreiner überflüssig und den Versicherungsvertreter kontaktiert der Chef.

Frage des Partners

 *Der PC des Kundenberaters hat mich gefunden. Der Berater sagt mir, welche Vertragsdaten von mir vorliegen und dass er glaubt, für mich sicherlich eine bessere Lösung herbeiführen zu können. Er fragt mich: „Welches Telefonverhalten haben Sie denn momentan?" Ich erzähle ihm von meinen beruflichen und privaten Telefonaten. Er fragt mich daraufhin, ob meine Familie auch über den Anschluss telefoniert. „Meine Frau hat ebenfalls ein Mobiltelefon und nutzt es sehr wenig. Sie telefoniert lediglich mit meinem Sohn oder mir, und nur hin und wieder mit Freundinnen, um Absprachen zu treffen" antworte ich.*

„Rufen Sie ihre Frau denn häufiger an?" fragt er. „Ich rufe sie häufiger zurück, weil ich ja die Flatrate habe und für sie das dann zu teuer ist" sage ich.

Wie hätten Sie als Verkaufsberater reagiert?

„Sollen wir denn versuchen, ob wir für sie beide trotz Vergünstigung des Tarifs eine Flatrate herausbekommen?"

Von der Ausgangsfrage ‚Wie kann ich einen günstigeren Tarif bekommen' sind wir über die bisherige, realistische Situation und die Vorstellung, was sein könnte, zu einer neuen Frage gekommen.

Diese entspricht meinen wirklichen Bedürfnissen wesentlich besser. In dem Moment, in dem der Kunde dieser Frage zustimmt, lautet seine eigene Frage: „Können Sie versuchen für mich und meine Frau trotz Vergünstigung des Tarifs eine Flatrate herauszubekommen?"

Frage des Dienstleisters

„Schildern Sie mir bitte nochmal, was hat Sie konkret zu mir geführt?" eröffnet der Coach das Gespräch. *Ich schildere ihm, dass ich mit zwei Bereichsleitungen seit einiger Zeit irgendwie nicht richtig weiter weiß, weil die beiden oft nicht das machen, was wir vorher besprochen haben.*

Er fragt mich nach Situationen, in denen ich gesagt habe, was zu tun ist. Ich schildere ihm hier zwei Beispiele aus der vergangenen Woche.

Wie hätten Sie als Coach reagiert?

„Und wie sah dann konkret die Umsetzung aus?" fragt er mich. *„Sie hatten zwar etwas getan, aber nicht das, was ich mir gedacht hatte"* platzte es aus mir heraus. *„Was hatten sie denn getan?"* hakte er erneut nach. *„Sie hatten nicht das Ganze im Blick – das muss immer ich tun"* antwortete ich. *„Wie sagen Sie ihren Bereichsleitungen denn, was sie sich gedacht haben?"* fragte er mich erneut. *„Ich sage ihnen, was*

sie konkret tun sollen – und das immer wieder! Die wollen einfach nicht allein entscheiden."

„Es geht also um die Frage, wie ihre Bereichsleitungen entscheiden, oder?" schlägt mir der Coach vor. „Ja, in etwa" sage ich. „Es geht eher um die Frage: Wie schaffe ich es, meine beiden Bereichsleitungen dazu zu bekommen, dass sie mehr selbst entscheiden?" Damit stellte sich ein Gefühl der Erleichterung und der Stimmigkeit der Frage bei mir ein.

Der Coach führt hier die Führungskraft dazu, dass sie ihre Erfahrungen konkreter benennt und erreicht durch seine Fragen, dass von einer sehr diffus formulierten Ausgangssituation eine Beratungsfrage entsteht, die im nachfolgenden Coaching auch in Angriff genommen werden kann.

Gemeinsamkeiten in den Beispielen

In allen drei Beispielen wird am Ende die ‚Richtige Frage' gefunden. Vorher gibt es in den Dialogen verschiedene Fragen, die zur richtigen Frage im Kunden führen. Die Herausforderung besteht darin, genau die Rückfragen zu stellen, dass die ‚Richtige Frage' im Kunden entsteht. Um dieser Herausforderung zu begegnen, stellen wir Ihnen folgendes Modell vor, welches sich aus der 'Dynamischen Urteilsbildung' des Soziologen und Unternehmensberaters Lex Bos entwickelt hat:

Gesprächslandkarte 8x8

Das Fragefeld

Vergangenheit   Zukunft

Fakten   Vision

Frage

Meinung   Wege

Abbildung 10: Grundfelder der Dynamischen Urteilsbildung

Im Zentrum des Modells steht die Frage des Kunden. Diese ist eingebettet zwischen verschiedenen Situationen aus der Vergangenheit und möglichen Perspektiven für die Zukunft. Synonym kann man auch statt Frage die Begriffe ‚Herausforderung' oder ‚Problemstellung' wählen.

Eine Frage entsteht dann, wenn etwas, was wir aus der Vergangenheit kennen, sich nicht so entwickelt, wie wir es für die Zukunft erwarten. Oder wenn eine angestrebte Vision sich nicht stimmig in der Vergangenheit verankern lässt.

Betrachtet man die Vergangenheit der Frage genauer, kann man zwei wesentliche Felder unterscheiden. Einerseits die ganz konkreten Fakten, die gegeben waren, andererseits die persönlichen Meinungen desjenigen, der diese Situationen durchlebt hat.

Auch in der Zukunft finden wir eine Zweiteilung zwischen den persönlichen Visionen des Fragenden und den konkreten, leistbaren Wegen.

Das Faktenfeld

Fakten sind eine Tatsache (von lat. facere 'machen, tun'). Über unsere Sinne können wir diese Fakten beschreiben: Wärme, Kälte, rund, eckig, Zeitpunkt, Dauer …

Dieses, durch Sinnesorgane zur Kenntnis nehmen und bemerken, bedeutet Wahrnehmung.

Unsere Sinnestätigkeit ist das, worauf wir uns dabei absolut verlassen können.

Das Meinungsfeld

Im Meinungsfeld sammeln wir persönliche Meinungen und Beurteilungen. Ein zu warm, zu kalt, zu spät usw. ist eine solche Beurteilung.

In diesem Feld erscheinen auch Wörter, die geprägt sind aus dem persönlichen Erfahren jedes Einzelnen. Jeder Mensch hat seinen ganz individuellen Zugang zu seinen Begriffen. Nehmen wir den Begriff ‚Pünktlichkeit'. Manche finden, 15:00 Uhr bedeutet auf die Minute genau zu sein, andere halten 15:15 Uhr immer noch für pünktlich. Damit wird deutlich, dass die wahrnehmbare Zeit verschieden ist, der Begriff damit erklärungswürdig und damit kein Fakt.

Das Visionsfeld

Eine Vision ist ein die Zukunft betreffendes Bild, das nur in der Vorstellung vorhanden ist. Dieses Bild kann in ferner Zukunft liegen, oder auch zeitnah formuliert werden. Je konkreter die Formulierungen werden, desto mehr wird die Vision zu einem realisierbaren Ziel.

Ziele sind von ihrer Formulierung so, dass sie einen möglichen Weg erkennen lassen.

Das Wegefeld

Während die Visionen und Ziele noch gedankliche Vorstellungen sind, geht es im Wegefeld darum, konkrete Schritte zu definieren. Hier spielen vor allem die realistischen Möglichkeiten zur Erreichung des Ziels eine Rolle. Wir können uns gut vorstellen, wir könnten fliegen. Das ist jedoch nur mit entsprechender Ausrüstung und Ausbildung möglich. Der erste Schritt zum Fliegen ist die Anmeldung bei einer Flugschule.

Daher fokussieren wir uns auf dem Wegefeld vor allem auf die ersten, realistischen Schritte.

Die Felder lassen sich wie folgt miteinander verbinden:

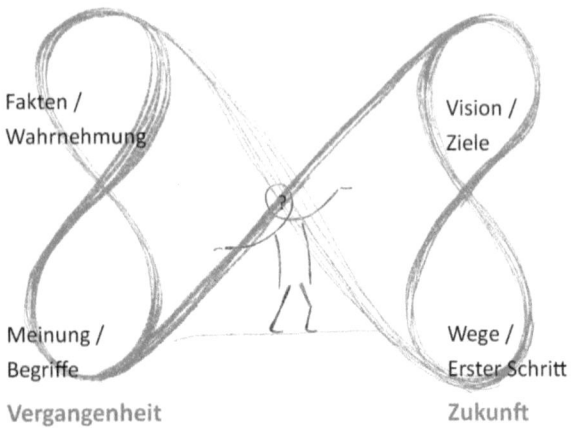

Abbildung 11: Durchgehende Bewegung über alle Felder der Dynamischen Urteilbildung

Die Diagonale zwischen dem Meinungsfeld und dem Visionsfeld stellt die **persönliche** Ebene des Kunden dar, die Diagonale zwischen dem Faktenfeld und dem  Wegefeld die **sachliche** Ebene. Hier treffen die zählbaren Fakten und konkreten Wege auf die persönlichen Meinungen und Visionen.

Da wir nie alle Fakten und möglichen Wege erfassen und aufzeigen können, wird es immer um diejenigen Fakten und Wege gehen, die die Frage deutlich betreffen. Diese sind in der Abbildung als Bündel von mehreren Linien dargestellt.

Die persönliche Meinung und Vision ist zwar vielschichtig, hier aber bewusst als sehr kompakte Linie dargestellt, da sie von uns als eindeutig akzeptiert wird.

Beschreibt der Kunde seine Ausgangslage, beginnen wir, seine Schilderungen in die Felder einzuordnen. Wir achten hier auch auf nonverbale Äußerungen. Dabei wird deutlich, dass auf einzelnen Feldern mehr einzutragen ist, als auf anderen. Manchmal überwiegen die persönlichen Meinungen und Visionen, manchmal die Fakten und konkreten Schritte.

Wir können oft sehen, auf welchem Feld der Kunde wenig oder viel beigetragen hat. Nicht die Anzahl der notierten Begriffe auf den Feldern, sondern die jeweilige Gewichtung für den Kunden ist das entscheidende Kriterium. Lassen wir hier unser Gefühl für die Situation zu, entsteht ein Empfinden des Gleichgewichts oder eben nicht.

Wenn wir nachhaken auf den Feldern, in denen etwas fehlt, beginnt der Kunde seine eigene Frage zu verändern. Diese wandelt sich zu einer Frage, von der der Kunde mit Gewissheit sagen kann, dass sie näher am Kern des Problems liegt. In der Regel streift der Dialog mehrmalig alle Felder, ehe die konkrete, verdichtete, echte Frage, die ‚Richtige Frage‘ entsteht.

Häufig ergibt sich bereits nach dem Füllen von zwei oder drei Feldern eine tiefere Fragestellung.

Die Widerstände

Aus unserer Beratungserfahrung hat sich immer wieder gezeigt, dass trotz dem umfassenden Verständnis der verschiedenen Felder, der Kunde in sich Widerstände spürt. Irgendetwas sträubt sich in ihm.

Hier haben sich die von Claus Otto Scharmer in der Theory U benannten Widerstände als hilfreich gezeigt. Er unterscheidet die

- ⌂ ‚Voice of Judgement‘ (Stimme der Rechtfertigung), die immer dann auftritt, wenn wir nur hören wollen, was wir bereits kennen und uns innerlich gegen anderes Denken sträuben.
- ⌂ Die ‚Voice of Cynicism‘ (Stimme des Zynismus), die sich in uns meldet, wenn wir die Schwelle vom kognitiven zum emotionalen Zuhören überschreiten und uns gegen anderes Fühlen sträuben.

🏛 Die ‚Voice of Fear' (Stimme der Angst) erklingt in uns, wenn wir Furcht vor dem Neuen insgesamt empfinden.

Diese Widerstände haben wir mit den Feldern wie folgt verknüpft:

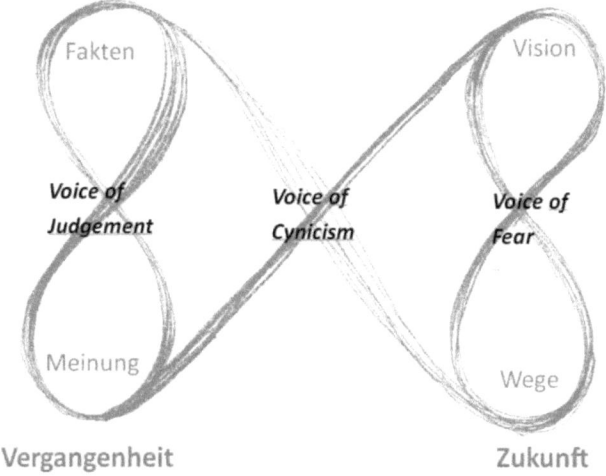

Abbildung 12: Drei Voices

Zwischen Faktenfeld und Meinungsfeld liegt die Voice of Judgement. Zwischen Visionsfeld und Wegefeld liegt die Voice of Fear und in der Mitte befindet sich die Voice of Cynicism.

Diese Widerstände deuten auf eine fehlende Balance zwischen den einzelnen Feldern hin. Wenn jemand überwiegend Fakten formuliert, jedoch seine Meinung dazu nicht kundtut, reift im Gegenüber die Frage nach der Beurteilung heran. Diese wird als Rechtfertigungsfrage wahrgenommen.

> Probieren Sie es aus: Äußern Sie gegenüber einem Gesprächspartner mal überwiegend Fakten und achten Sie darauf, wie er reagiert.

Oder wenn jemand überwiegend Meinungen und Urteile fällt, entsteht wie selbstverständlich die Frage nach den konkreten Fakten, an denen sich diese entzünden. Ein Ungleichgewicht zwischen den Feldern weckt den Widerstand, gelingt es jedoch ein Gleichgewicht herzustellen, entsteht eine Kraft, die wir die **Kraft der Rechtfertigung** nennen.

Auf der Zukunftsseite ist die Voice of Fear der Widerstand, der auftritt, wenn beispielsweise die Vision zu groß für die möglichen Schritte ist, oder aber die Schritte zu groß für die angestrebte Vision. Sie drückt sich

> Schildern Sie Ihrem Gesprächspartner ausschließlich Visionen, was Sie alles erreichen wollen. Denken Sie groß und wirklich visionär dafür. Achten Sie wieder darauf, wie die Reaktionen sind.

häufig aus durch körperliche Reaktionen wie zum Beispiel Herzrasen oder Schweißausbrüche. Gelingt auch hier die Balance, wird sie zu einer Kraft, die wir **Kraft der Angst** nennen.

Im Zentrum der Fragestellung, steht die Voice of Cynicism. Sie drückt das Spannungsgefühl aus, welches entsteht, wenn die sachliche Ebene der Fakten und möglichen Wege mit den persönlichen Meinungen und Visionen aufeinandertreffen.

Die Voice of Cynicism äußert sich häufig als ein Bauchgefühl. Zyniker hinterfragen oft mit einem negativen Vorurteil die erlebten Situationen. Wir sind jedoch der Ansicht, dass es durchaus auch positive Bauchgefühle gibt. Daher erscheint uns der Begriff Zynismus nicht geeignet. Das Gefühl tritt dann auf, wenn man nicht genau weiß, auf welchen Feldern noch Dinge ungeklärt sind.

Gelingt es, sich der Balance zwischen allen vier Feldern zu nähern, wird sie zu einer Kraft, die wir **Kraft des Zweifels** nennen.

In der Verknüpfung der beiden Modelle, der Theory U mit der Methode der Dynamischen Urteilsbildung, entsteht das, was wir als ‚Gesprächslandkarte 8x8®‘ bezeichnen:

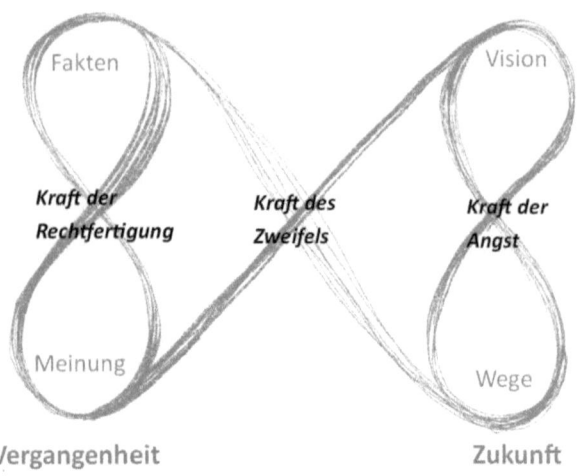

Fakten

Vision

Kraft der Rechtfertigung

Kraft des Zweifels

Kraft der Angst

Meinung

Wege

Vergangenheit

Zukunft

Abbildung 13: Gesprächslandkarte 8x8® mit Kräften der Widerstände

Übung: Gesprächslandkarte 8x8®

In der folgenden Anleitung gehen wir zunächst in einer konkreten Reihenfolge vor. Dies dient lediglich dazu, das Modell anhand einer Fragestellung zu füllen. In der nachstehenden Kopiervorlage schreiben wir ins Zentrum die Fragestellung des Kunden.

Anschließend ordnen wir die Äußerungen des Kunden in Bezug auf seine Fragestellung hinsichtlich ihrer Zugehörigkeit eher zur Vergangenheit oder zur Zukunft.

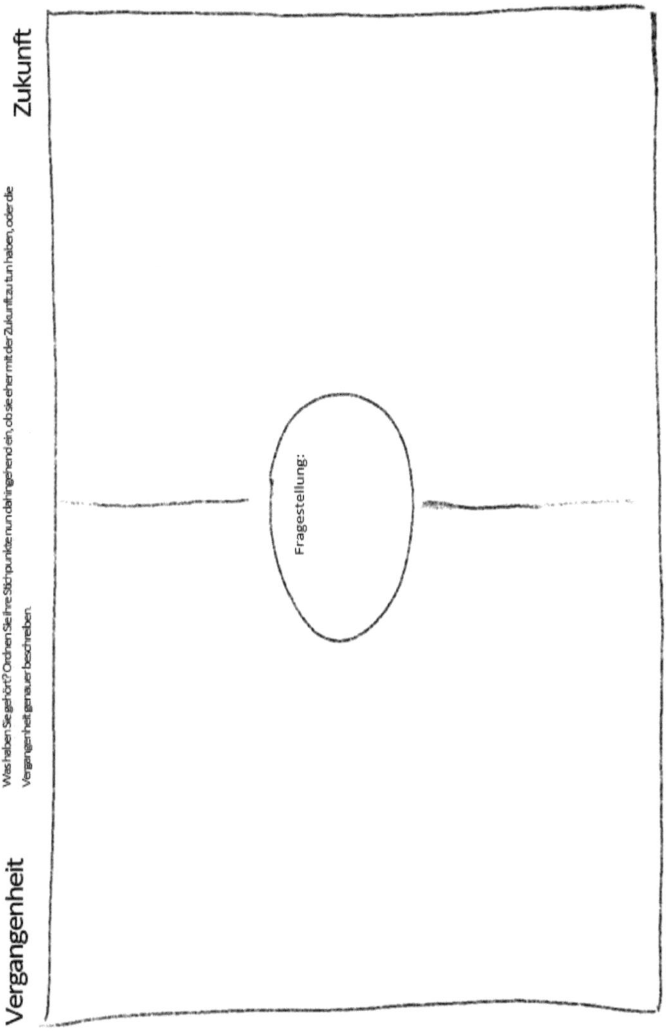
Zukunft
Was haben Sie gehört? Ordnen Sie Ihre Stichpunkte nun dahingehend ein, ob sie eher mit der Zukunft zu tun haben, oder die Vergangenheit genauer beschreiben.
Fragestellung:
Vergangenheit

Abbildung 14: Kopiervorlage Frage – Vergangenheit/Zukunft

Im zweiten Schritt unterteilen wir die Äußerungen erneut in die vier Felder: Fakten, Meinung, Vision und Wege.

Nehmen Sie sich Zeit und überlegen Sie bei jedem Begriff, den Sie notiert haben, ob er wirklich mit ihren Wahrnehmungen zusammenpasst, oder ob er eine persönliche Meinung des Kunden darstellt.

Auch für die Zukunft gilt hier zu prüfen: Was ist realistisch umsetzbar und daher ein Weg, was ist eher eine Vision oder ein Ziel, welches noch zwei oder fünf Schritte benötigt.

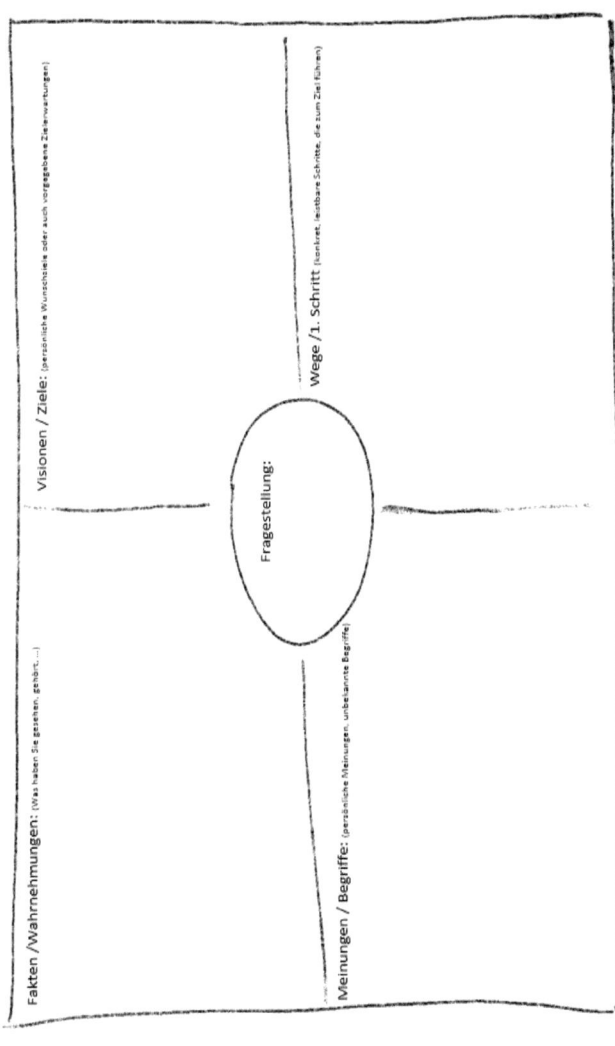

Abbildung 15: Kopiervorlage
Frage – Fakten / Meinung / Vision / Weg

Jetzt fällt immer wieder auf, dass auf einzelnen Feldern zu wenig eingetragen ist. Hier greift der Evokatorische Berater ein und fragt gezielt nach.

Außerdem kann es an dieser Stelle schon vorkommen, dass der Kunde signalisiert, dass sich seine Fragestellung deutlich geändert hat. Dann heißt es:

- 🏠 Neues Blatt,
- 🏠 wesentliche Stichpunkte übernehmen und
- 🏠 mit dem Ausfüllen der Felder durch weitere Rückfragen fortfahren.

Zur Unterstützung kann es hilfreich sein, die Steuerungsfaktoren des Magischen Dreiecks hinzuzuziehen. Das Faktenfeld lässt sich leichter beschreiben, wenn beispielsweise gefragt wird: An welchem Ort und zu welcher Zeit hat es stattgefunden? Wer war dabei – wer hat evtl. gefehlt? Was hat es gekostet? Wie lange hat es gedauert? War es mehrmals oder ein einmaliges Ereignis?

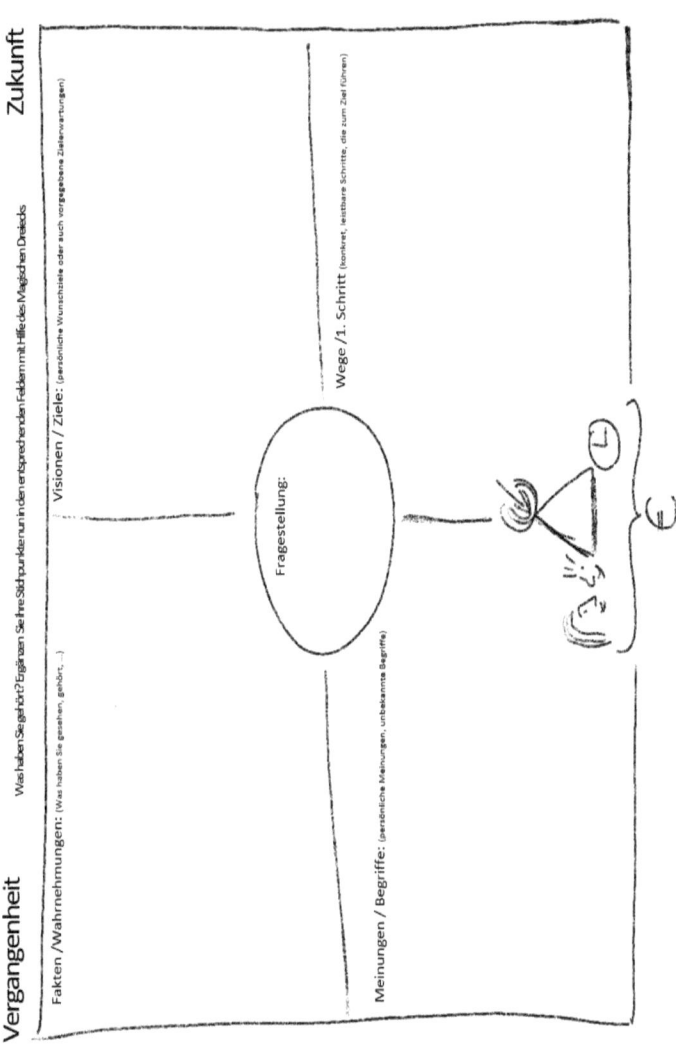

Abbildung 16: Kopiervorlage
Frage – Fakten/Meinung/Vision/Weg + Magisches Dreieck

Das Meinungsfeld lässt sich verdichten, indem zum Beispiel gefragt wird: War es zu lang? Waren Dir die Anderen sympathisch oder abstoßend? War es Dir das wert? Wie empfindest Du den Ort?

Das Visionsfeld lässt sich konkreter befüllen, indem gefragt wird: Wie könnte der Ort in Zukunft aussehen? Welche Prozesse sollen angestoßen werden? Wer wird das unterstützen und wer verhindern? Wieviel Geld wird es kosten?

Auf dem Wegefeld lässt sich der Prozess abrunden, indem gefragt wird: Woran kann ich erkennen, dass Du den ersten Schritt gemacht hast? Brauchst Du dafür irgendwelche Materialien? Mit wem wirst Du in den nächsten 14 Tagen darüber sprechen? Wieviel Geld wirst Du dafür ausgeben? Wie passt der erste Schritt in deinen Terminplan der nächsten Woche?

Im nächsten Schritt fügen wir die Widerstände in unser Modell hinzu: An den Grenzen zwischen dem Fakten- und Meinungsfeld ordnen wir die Kraft der Rechtfertigung ein, zwischen Visions- und Wegefeld fügen wir die Kraft der Angst ein und im Zentrum die Kraft des Zweifels.

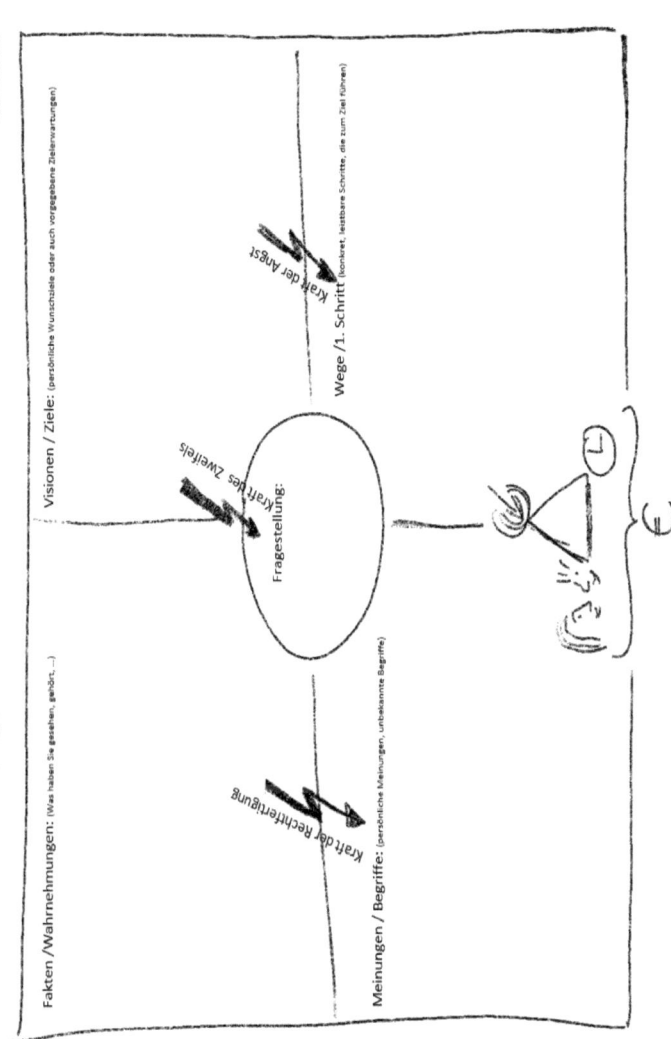

Abbildung 17: Kopiervorlage 8x8 mit Magischem Dreieck

Wenn wir merken, im Gespräch scheint zwar alles logisch geklärt zu sein, aber es gibt noch Widerstände, dann können wir den Kunden fragen, was ihn an der Umsetzung hindert. Konkretere Fragen helfen uns zu klären, auf welchen Feldern es noch an Inhalten fehlt: Haben Sie eher Angst oder Zweifel an ihrem Entschluss? Stimmt für Sie das Verhältnis zwischen ihren Fakten und Ihrer Meinung? Benötigen Sie eher noch mehr Fakten oder ist ihre Vision nicht stark genug? Ist ihr erster Schritt auf ihr Ziel im richtigen Maß oder ist er zu groß oder zu klein?

In der folgenden Abbildung wird deutlich, warum wir die Gesprächslandkarte 8x8 so bezeichnet haben: Die beiden Achten stellen die Vergangenheits- und Zukunftsseite der Frage dar. Das Mal-Zeichen ist Ausdruck der zentralen Frage. Damit lässt sich mit der einfachen Formel 8x8 jederzeit erinnern, was im Beratungsgespräch erfragt werden kann.

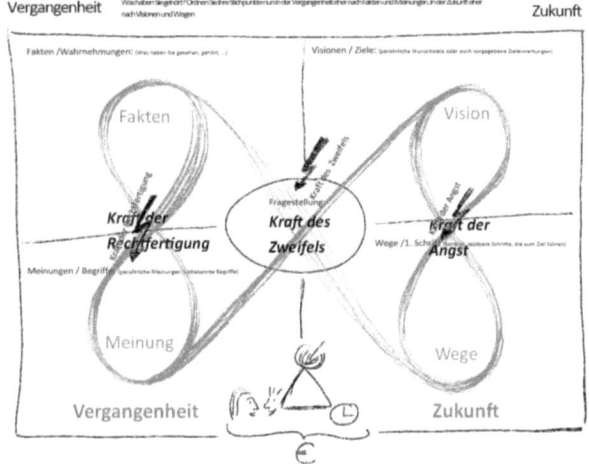

Abbildung 18: Gesprächslandkarte 8x8 mit Magischem Dreieck

Insgesamt können wir jetzt festhalten, dass sich die Dynamische Urteilsbildung von Lex Bos mit den drei Widerständen von C. Otto Scharmer und dem Magischen Dreieck gegenseitig unterstützend ergänzen.

Hinweise zur Gesprächslandkarte

Die Gesprächslandkarte 8x8 hat keinen Anfang und kein Ende. Wenn der Kunde mit seinem Problem kommt, beschreibt er dem Berater verschiedene Fakten, Meinungen, Visionen und Wege gegebenenfalls sogar auch Widerstände. Diese Beschreibung folgt der Denkbewegung des Kunden und nicht einer vorgegebenen Reihenfolge.

Jede einzelne Aussage, die der Kunde äußert, lässt sich in eines der Felder einordnen. Das, was zuerst im Verborgenen hinter der Frage des Kunden steht, wird sichtbar, weil im Ausfüllen der Felder die wirksamen Fakten, Meinungen, Visionen und Wege erkennbar werden. So wirken die vier Grundfelder und die Widerstände und schärfen die Fragestellung des Kunden. Es entsteht die **Richtige Frage**.

Während des Ausfüllens fällt immer wieder auf, dass einzelne Felder eher wenig beinhalten, andere mehr. Es geht tatsächlich nicht so sehr um die Menge der notierten Begriffe, sondern um deren Wichtigkeit für den Kunden.

Bleiben Felder ganz leer, so kann ich als Berater die Inhalte dieser Felder hinterfragen.

Oft ändert sich bereits nach dem Ausfüllen von zwei bis drei Feldern die Fragestellung des Kunden. Dann beginnt die Reise erneut.

Die Kunst, die Richtige Frage zu finden

Warum nennen wir es dennoch eine Kunst? In der Praxis zeigt sich, dass man – sobald man das Modell kennt – anfangen kann, damit zu arbeiten. Es gibt jedoch eine Reihe von Herausforderungen und hilfreichen Umgangsweisen, die ein qualitativ besseres Resultat ermöglichen.

Wenn wir hier von der Kunst sprechen, meinen wir, dass es nicht einfach mit der Anwendung der Gesprächslandkarte getan ist. Vielmehr zeigt sich, dass ein Üben im Umgang damit zu immer präziseren Fragen von Seiten des Beraters führt. Je genauer er mit der Gesprächslandkarte umgeht, desto besser ist die Richtige Frage des Kunden.

Wir sind als Berater verantwortlich für die Qualität dieses Prozesses. Mit jeder zusätzlichen Frage, die wir dem Kunden stellen, können wir ihn aus dem eigenen Gedankengang herausreißen oder ihn vertiefend mit seiner Frage verbinden.

Halt Dich raus!

Die Qualität der Richtigen Frage des Kunden hängt maßgeblich davon ab, ob es dem Berater gelingt, auf der persönlichen Ebene die Meinungen und Visionen des Kunden gelten zu lassen, ohne seine eigenen Meinungen und Zielsetzungen mit einzubringen. Es geht darum, die eigene Meinung komplett dem Kunden zu versagen. Es ist außerordentlich wichtig, dass wir uns nicht zu den Meinungen und Visionen des Kunden positionieren, sondern alles als richtig anerkennen, was der Kunde als Meinungen und Visionen hat.

Tun wir das nicht, lösen wir damit in dieser Phase große Irritationen aus und verhindern, dass die Richtige Frage des Kunden sichtbar wird. Stattdessen wird in ihm das Bedürfnis auftauchen, sich zu rechtfertigen.

Auf der sachlichen Ebene geht es zunächst darum, möglichst viele Fakten und Wahrnehmungen sowie konkrete Wege vom Kunden zu erfragen. Kommt der Kunde an den Punkt, wo er erkennt, dass ihm weitere Fakten oder Wege hilfreich wären, wird er den Berater fragen. Jetzt erst ist von uns als Berater die Ergänzung von weiteren Fakten und Wegen als Experten gefordert.

Häufig verstehen sich Berater aufgefordert, ihre eigene Meinung und Vision kundzutun. Dies ist jedoch oft ein Irrtum. Halten wir uns als Berater an dieser Stelle zurück, dann muss die persönliche Bewertung durch den Kunden selbst erfolgen. Das macht sie deutlich wertvoller für ihn.

Vertrau deinem Gefühl!

Auch in dieser Phase spielen alle unsere Sinne mit. Sie geben uns jenes ‚Gefühl der Stimmigkeit' oder der ‚Unstimmigkeit'. Oft ist dieses Gefühl kaum wahrzunehmen – aber es ist äußerst wichtig und richtig es nicht zu übergehen. Zunächst ist es wertvoll, dem Kunden gegenüber zu äußern, wenn sich dieses Gefühl in uns als Berater regt.

In Bezug auf die Gesprächslandkarte 8x8 zeigt sich dieses Gefühl z.B., wenn wir auf einzelnen Feldern nur sehr wenig oder sehr viel notiert haben. Es signalisiert uns: Obwohl die Felder von der Menge ihrer Inhalte her im Ungleichgewicht sind, so sind sie doch gefühlt im Gleichgewicht. Das lässt sich nicht durch Zählen der Wörter erkennen, sondern nur durch dieses Hinspüren.

Hat man dem Kunden sein Gefühl genannt, wird es immer wieder vorkommen, dass dieser das Gefühl verstehen will. Jetzt gilt es – gemäß der Regel ‚Halt Dich raus!‘ – das Gefühl so zu beschreiben, dass es nicht wertend wird. Dies können wir erreichen, indem wir uns zum Beispiel folgende Fragen stellen: Ist der Prozess der Fragefindung zu schnell oder zu langsam? Gibt es eine Balance? Empfinde ich den Prozess als sehr verkopft oder aus dem Herzen kommend?

Aber auch Fragen nach den einzelnen Sinneswahrnehmungen können hier noch konkretisieren. Zum Beispiel: Wo war der Prozess zu laut oder zu leise (Hörsinn)? Wo gab es harte oder weiche Phasen (Tastsinn)? Wo hatten wir als Berater das Gefühl der Kunde hat selbst gesprochen – oder eher eine Meinung eines Anderen vertreten (Ichsinn)?

Es wird immer konkreter, je genauer man mit all seinen Sinnen in die Wahrnehmung der Situation und des Prozesses geht.

Je intensiver Sie sich mit verschiedensten Sinneswahrnehmungen während dieser Phase auseinandersetzen und diese auch zulassen, desto besser wird auch für Sie als Berater das 'gute Gefühl', wann die Beratungsfrage gefunden ist.

Übung: Das Gefühl stärken

Ziel: Das eigene Gefühl beobachten und beschreiben lernen, ohne zu werten.

Erinnern Sie sich an die Sinne aus Kapitel ‚Die Sinne'.

Überlegen Sie, was wird zum Beispiel mit dem Hörsinn wahrgenommen: Lautstärke, Rascheln, Plätschern …

Assoziieren Sie gegenteilige Begriffe: Beispiel: Laut – Leise, Rascheln – Knacken, Plätschern – Knistern (möglich wäre auch Plätschern – Rauschen – das unterliegt den jeweils persönlichen Assoziationen).

Mit Hilfe dieser gegenteiligen Begriffe können Sie nun Fragen entwickeln, ohne zu werten.

„Wann gab es laute und leise Prozessschritte?"
„Gab es ein Rascheln oder Knacken im Prozess?"

Anmerkung: Die Frage „War der Prozess zu laut oder zu leise?" bedingt eine klare Wertung. Da die Wertung des Beraters in der Evokatorischen Beratung zurückgehalten werden sollte, ist darauf zu achten, dass diese Frage nicht vom Berater, sondern nur vom Kunden beantwortet wird. Als Berater gebe ich mit dieser Frage einen Werterahmen vor, in dem sich der Kunde positionieren kann.

Zusammenfassung zweite Phase

Betrachten wir nochmal wie sich die Äußerungen und Verhaltensweisen in allen drei Situationen (Meister – Partner – Dienstleister) in die Felder der Gesprächslandkarte einsortieren lassen. Die Berater in den Situationen stellen nur sehr begrenzt oder überhaupt nicht ihre eigenen Visionen und Meinungen in den Dialog. Dadurch reift beim Kunden die Frage.

Es ist nicht notwendig, dass in allen Feldern etwas gesagt wurde – so ist das Beispiel mit dem Coach eines, welches verstärkt auf vergangene Situationen (Fakten und Meinungen) und nur wenig auf Visionen eingeht.

Das Beispiel mit dem Scheunentor zeigt, dass auch ein Aufwerfen von mehreren Fragen dazu führt, dass sowohl Meister als auch Lehrling sich klarer werden über ihre Zielsetzungen. Der Lehrling will den von ihm verursachten Schaden möglichst selbst reparieren. Dahingehend kann ihn dann der Meister weiter begleiten. Alle anderen Fragen stellen sich dann als nur begrenzt von Bedeutung oder sogar als überflüssig heraus.

Im Telefongespräch bildet der Verkäufer nach ausführlicher Klärung der Vergangenheit (Fakten und Meinungen) eine Frage nach einer möglichen Vision des Kunden. Jetzt liegt es am Kunden, sich diese Frage zu eigen zu machen, oder sie neu zu formulieren. Die Kunst des Verkäufers liegt darin, auf der persönlichen Diagonale des 8x8 mit vorsichtigen Fragen zu agieren, statt Behauptungen aufzustellen. Eine Behauptung auf der persönlichen Diagonale durch den Berater legt dem Kunden Meinungen und Visionen nahe, gegen die er sich häufig – zu Recht – zur Wehr setzt.

Um in die nächste Phase einzusteigen, empfehlen wir, die zweite Phase bewusst abzuschließen.

Notieren oder wiederholen Sie beispielsweise die herausgefundene Fragestellung und holen Sie zu dieser Frage das ‚Go' des Kunden ein. Das ‚gute Gefühl' kann sogar beim Kunden nachgefragt werden und wenn es sich bestätigt, kann das Gespräch in die dritte Phase übergehen.

Die dritte Phase der Beratung

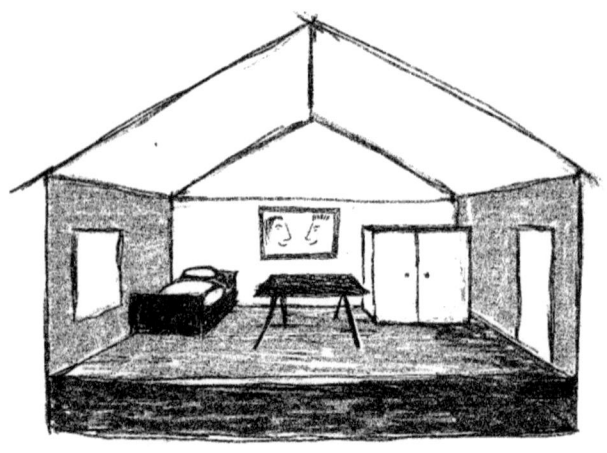

Abbildung 19: Die Inneneinrichtung

Die Inneneinrichtung gestalten

In diesem Kapitel wenden wir uns der Inneneinrichtung unseres Hauses zu. In einer Küche helfen die Einrichtungsgegenstände den Kochprozess zu vereinfachen. In einem Wohnzimmer geht es um das Wohlbefinden in den eigenen vier Wänden. So ist es in jedem anderen Zimmer auch: Veredelt wird die Arbeits- oder Lebenssituation. Sie wird angepasst an die Bedürfnisse des Bewohners. Diese sind einerseits durch seine Gefühle, andererseits durch seine für ihn wichtigen Prozesse charakterisiert.

Die Inneneinrichtung gestaltet ein Umfeld so, dass man darin die eigenen Herausforderungen lösen und leben kann.

Übertragen in den Beratungsprozess entspricht sie den verschiedenen Methoden. Es kann sein, dass der Kunde schon vorhandene Inneneinrichtung mitbringt: Wenn die Frage in der zweiten Phase gut entwickelt ist, hat er bereits Lösungsmöglichkeiten angedacht. Es kann auch sein, dass der Kunde sich an Methoden erinnert.

Manchmal muss auch die Inneneinrichtung neu entwickelt werden: Wenn der Kunde noch keine Lösung sieht, helfen ihm jetzt die Methoden des Beraters, Lösungen zu finden.

Am Ende dieser Phase sind konkrete Lösungen entstanden, die für den Kunden umsetzbar sind.

Dies ist die kreativste Phase im gesamten Beratungsprozess. Dort werden Lösungsmöglich-keiten angedacht, durchgespielt und gefunden. Es entstehen mögliche Antworten auf die Frage.

So wie jeder seinen eigenen Einrichtungsstil hat, sind den Beratern auch eigene Methodensets gegeben. Jeder schätzt bestimmte Methoden mehr als andere. Diese Wahl ist subjektiv und liegt in der Persönlichkeit des Beraters. Das macht ihn gerade als Berater aus.

Inneneinrichtung des Meisters

 Überlegen Sie mal, welche Methode würden Sie anwenden, um dem Lehrling zu helfen, die Lösung auf seine Frage zu finden?

Zu den Methoden könnte hier folgendes gezählt werden: Der Lehrling soll

- einen Plan machen und skizzieren, wie die Lösung aussieht
- eine Liste aufstellen von Materialien, die er benötigt
- eine Kostenaufstellung machen, um zu erkennen, wo welches Einsparpotenzial liegt

...

Inneneinrichtung des Partners

 Überlegen Sie auch hier, welche Methoden sich eignen würden.

Der Kunde soll:

- eine SWOT-Analyse machen, um Vor- und Nachteile abzuwägen
- eine Deckungsbeitragsrechnung machen, um Leistungen vergleichen zu können
- eine Mindmap erzeugen, in die er Vor- und Nachteile abwägend einträgt ...

Inneneinrichtung des Dienstleisters

 Auch hier gibt es verschiedene Methoden, die man anwenden könnte. Der Coachee sollte

- eine Mindmap malen, bei der er alle Situationen auf Metaebene betrachtet
- eine Aufstellungsarbeit machen, um herauszufinden, wie sich das Kräfteverhältnis verändert
- eine Slackline überschreiten, um zu erkennen, dass er nur Hilfestellung geben soll und nicht die Aufgaben selbst erledigen muss
- ein Brainstorming durchführen mit allen Ideen, die ihm kommen, um die Situation zu verändern …

Gemeinsamkeiten in den Beispielen

Wir können leicht erkennen, dass die ein oder andere Methode hier angebracht ist, um einer Lösung auf die Spur zu kommen. Gleichzeitig ist jedoch auch wahrnehmbar, dass der Lehrling, der Kunde oder der Coachee mit der ein oder anderen Methode überfordert sein kann oder sich verleitet fühlt etwas zu tun, was ihm nicht entspricht. Daher hängt dieser Prozess maßgeblich davon ab, welches Feingefühl wir als Berater in der Situation haben und

wie wir Methoden anpassen können an die Denk-
und Handlungsgewohnheiten unserer Kunden.

Methodenfächer

Wir wollen Sie im Folgenden auf einige Methoden
aufmerksam machen.

Der Fächer von Methoden ist nur ein Auszug aus dem
sich ständig ändernden Methodenkatalog, den wir
selbst anwenden oder in der Zusammenarbeit mit
Kolleginnen und Kollegen erleben durften. Wir
wissen, dass die Methodenvielfalt schier unendlich
ist.

Die Vorstellung erfolgt in folgendem Schema:

Kurzbeschreibung der Methode, sowie Materialien und ggf. Zeitbedarf	Zielsetzungen der Methode
Fragen an die Ergebnisse aus der Anwendung der Methode	Beispiel

Am Ende des Methodenfächers finden Sie leere Felder, in die Sie ihre eigenen Methoden stichpunktartig eintragen können.

Beschreibung:

25 positive Adjektive, die den Teilnehmer beschreiben, werden von ihm in einer Liste untereinander aufgeschrieben. Diese Liste wird ganz allein erstellt, eine Außenmeinung ist nicht gefragt.

Diese Liste kann sich entwickeln und wiederholt werden. Sie wird immer klarer.

Mind. 20 Minuten. Kann auch mehrere Tage dauern.

Fragen:

Welche Adjektive fallen Ihnen schnell ein, welche dauern?

Welche gefallen Ihnen sehr gut und drücken sehr präzise aus, wie Sie sind?

Welche passenden Adjektive gibt es noch für Sie?

Wie sieht die Liste nach einem Jahr aus? Hat sie sich verändert?

Ziel:

Diese Methode führt zu einer guten Klarheit in der Selbsteinschätzung und zur Bestimmung der Persönlichkeit. Diese Kombination von Adjektiven ist einzigartig und beschreibt die Persönlichkeit sehr präzise.

Beispiel:

1	Höflich
2	Nett
3	Pünktlich
4	...
...	
...	
25	

Beschreibung:

Die Aufstellungsmethode stammt ursprünglich aus der Familientherapie. Sie diente
dazu das System der Familie abzubilden und
Verstrickungen zu lösen.

Mit kleinen Figuren als Platzhalter für vom
Kunden definierte Werte, Personen, Gegebenheiten etc. werden auf dem Tisch Situationen vor und nach möglichen Veränderung aufgestellt.

Fragen:

Welche Platzhalter brauchen wir?

Welche Figur steht für welchen Platzhalter?

Wie sieht die Situation bisher aus?

Wie soll die Situation in Zukunft aussehen?

Was hat sich emotional und räumlich verändert?

Ziel:

Mit kleinen Hilfsmitteln lassen sich für alle Beteiligten Veränderungen gut darstellen und besprechen.

Einwirken auf Vor-Urteile und gedachte Grenzen, sowie deren mögliche Veränderungen.

Beispiel:

Gesprächsprotokoll

Beschreibung:

Tabellarisch wird festgehalten, welche Absprachen zwischen welchen Partnern getroffen wurden. Jede Aufgabe hat nur einen Eigner, darf aber viele Unterstützer haben.

Festgehalten werden die Kurzantworten auf die folgenden Fragen.

Fragen:

Wer macht was mit wem?

An welchem Ort und zu welcher Zeit wird es getan?

Welches Ergebnis wird erwartet?

Was ist die Konsequenz, wenn es nicht passiert?

Ziel:

Verbindliche Absprachen und Zeitpläne für die nächsten Schritte zu bekommen.

Beispiel:

Aufgabe	Eigner	mit wem	bis wann?	Konsequenzen?
1.	Müller	Meier	TT MM JJJJ	xyz
2.	Meier	Huber	TT MM JJJJ	Huber übernimmt
3.	Huber	Meier	TT MM JJJJ	Meier übernimmt
4.			TT MM JJJJ	

Beschreibung:

Jeder notiert schweigend auf Zetteln je eine Idee zur Lösung des Problems – egal wie realistisch oder phantastisch sie ist.

Es wird versucht in mindestens 5 Minuten möglichst viele verschiedene Ideen zu notieren.

Erst anschließend werden diese gemeinsam auf Vor- und Nachteile und Umsetzbarkeit hin diskutiert.

Fragen:

Welche Prozesse müssen angestoßen werden, um die Idee umzusetzen?

Welche Materialien und Ressourcen werden benötigt?

Kann ich eine Idee auch abwandeln und führt sie dann eher zum Erfolg?

Ziel:

Lösungsansätze finden ohne zu bewerten.
Ideen generieren.

Beispiel:

Beschreibung:

Individuelle stabile Antriebe, die die Persönlichkeit jedes Menschen beschreiben, werden in der Stärke ihrer jeweiligen Ausprägung durch einen Fragebogen ermittelt. Auf einer Seite lässt sich durch farbige Balken die Persönlichkeitsstruktur darstellen.

Fragen:

Was treibt mich an?

Was demotiviert mich?

Warum habe ich mit bestimmten Personen leichter Konflikte?

Welche Werte bestimmen meine Entscheidungen?

Ziel:

Selbsterkenntnis und Stärkung der Stärken und Anerkennung der Stärken in den eigenen Schwächen.

Konfliktherde und Synergien in der Zusammenarbeit zwischen Menschen herausfinden und gestalten.

Beispiel:

MotivationsPotenzialAnalyse MPA von Martha Muster

- Intensität der Motivationspotenziale je Motiv innerhalb jeder Motivkategorie -

Beschreibung:

Strenght, Weakness, Opportunities and Threats ergeben das Kürzel SWOT und bedeuten auf Deutsch: Stärken, Schwächen, Chancen und Risiken. Diese werden in Bezug auf eine klare Fragestellung einander gegenübergestellt.

Anschließend wird notiert, welche Strategien für die jeweiligen Kombinationen angewendet werden.

Fragen:

Was stärkt mich aus mir heraus?

Was schwächt mich?

Welche Chancen gibt mir mein Umfeld, welche Risiken treten dort auf?

Wie begegne ich den Chancen mit meinen Stärken und Schwächen? Wie vermeide ich die Risiken?

Ziel:

Durch die Gegenüberstellung von eigenen Stärken und Schwächen mit den im Umfeld gegebenen Chancen und Risiken sollen Strategien zur Bewältigung entstehen.

Beispiel:

		Interne Analyse	
		Stärken Strengths	Schwächen Weaknesses
Externe Analyse	Chancen – Opportunities	Strategie „Ausbauen"	Strategie „Aufholen"
	Risiken – Threats	Strategie „Absichern"	Strategie „Vermeiden"

Beschreibung:

Zwischen zwei Bäumen wird eine Slackline oder ein langer Spanngurt für die Sicherung von LKW-Ladungen gespannt. Auf dem etwa 30-50 cm über dem Boden gespannten Seil können verschiedene Übungen durchgeführt werden.

Die einfachste Aufgabe: Jeder Teilnehmer soll die Slackline einmal von einem zum anderen Stamm überschritten haben.

Achtung: Unfallgefahr!

Fragen?

Wie gelingt Ihnen die Aufgabe?

Welche Vorgaben sind gegeben worden?

Welche Annahmen haben Sie getroffen?

Was hindert Sie daran, um Unterstützung zu fragen?

Was ist die Rolle des Beratenden?

Ziel:

Eigene Grenzen aus der Vorstellung, man müsse alleine die Aufgabe bewältigen, überwinden. Um Hilfe fragen können. Eigenes Gleichgewicht möglichst gut halten – auch wenn man es nicht für die ganze Aufgabe schafft.
Übertragbare, körperliche Erfahrung machen. Selbst erkennen, dass die Aufgabenstellung viel mehr eigene Möglichkeiten erlaubt, als man zunächst denkt.

Anmerkung: Beratung bedeutet den Anderen bei seiner Aufgabe an der Hand zu nehmen und nicht für ihn über die Leine zu gehen.

Beispiel:

Beschreibung:

Die EÜR stellt in einer übersichtlichen Liste Einnahmen und Ausgaben gegenüber. Die Differenz zwischen Einnahmen und Ausgaben ergeben einen Überschuss oder einen Verlust. Diese Liste kann sowohl mit Geldwerten, als auch mit Zeitwerten befüllt werden.

Materialien: Stift und Papier, mehrspaltige Vorlage erleichtert die Durchführung
Zeitbedarf: 30 Minuten

Fragen:

Was alles sind Einnahmen und Ausgaben?

Welche Einnahmen / Ausgaben haben Sie noch vergessen?

Welche würden Sie gerne verändern?

Sind Sie mit dem Überschuss oder dem Verlust zufrieden?

Was trägt noch zum Überschuss bei?

Ziel:

Die Gegenüberstellung von Zahlen bewirkt Klarheit in den Fakten und fordert geradezu dazu auf, die Fakten noch konkreter zu hinterfragen.

Zahlen haben aber dennoch nur dienende Funktion, nicht beherrschende. Die Interpretation obliegt dem Nutzer allein.

Beispiel:

⊿	A	B	C
1	EÜR		
2	**Beschreibung** ▼	**Einnahme** ▼	**Ausgabe** ▼
3	Monatseinnahme	1.500,00 €	
4	Miete		600,00 €
5	Lebensmittel		300,00 €
6	SUMMEN	1.500,00 €	900,00 €
7			
8	Arbeitszeit Soll in h/Woche	40	
9	Auftrag A		12
10	Auftrag B		26
11	SUMMEN	40	38

Beschreibung:

Fragen:

Ziel:

Beispiel:

Abbildung 20: Kopiervorlage Methodenfächer

Weitere Methoden

Aufgrund der Fülle an Methoden wollen wir im Folgenden ein paar Buchempfehlungen geben. Wir empfehlen diese Bücher zur Auseinander-setzung mit den eigenen und neuen Werkzeugen.

- Methoden-ABC im Coaching von Werner Vogelauer – über 100 Methoden kurz und bündig zusammengetragen.
- 50 Erfolgsmodelle von Mikael Krogerus und Roman Tschäppeler – kleines und feines Buch zum schnellen Nachschlagen.
- Spielbar von Axel Rachow (Herausgeber) – Trainer geben ihre Methoden und Spiele preis.
- Munterbrechungen von Harald Groß – 22 Methoden zur Unterbrechung und Durchbrechung vorhandener Muster, sehr anschaulich beschrieben.
- Kreative Seminarmethoden von Zamyat M. Klein – über 100 kreative Methoden aus der Praxis.

Weitere Informationen zur Aufstellung to go finden Sie unter: www.kommunare.de/fileadmin/stefan/kommunare/Tool_Aufstellung_to_go. pdf

Weitere Informationen zur MPA finden Sie unter http://8x8uke.de/wie-unsere-werkzeuge/motivationspotenzialanalyse-mpa/

Zusammenfassung dritte Phase

Wir konnten in dieser Phase feststellen, dass die Inneneinrichtung geprägt ist von Methoden. Achten Sie darauf, dass Sie in Zukunft ein gutes Gespür dafür entwickeln, welche Methodik zur Lösung passt.

Entwickeln Sie ruhig Methoden weiter. Üben Sie diese selbst und verdoppeln Sie dann die Zeit zur Durchführung für den Kunden.

Schreiben Sie sich einen Leitfaden, wie sie die Methodik anwenden. Sammeln Sie Erfahrungen dazu und passen Sie die Methodik immer wieder an.

Und wenn Sie Lust haben, dann teilen Sie uns ihre Methoden gerne mit. Wir geben Sie mit Angabe der Quelle gerne an andere Leser dieses Buches weiter (buch@evokatorische-beratung.de).

Die vierte Phase der Beratung

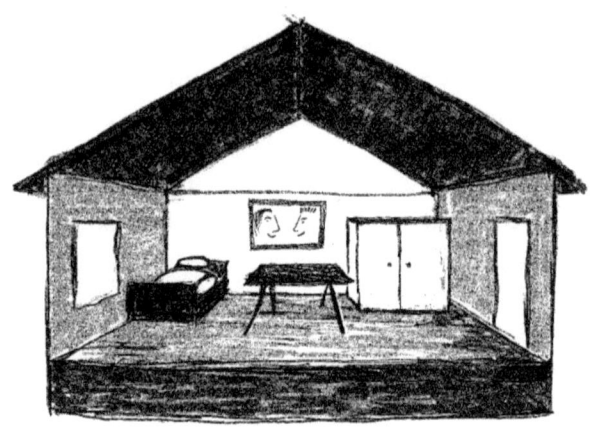

Abbildung 21: Das Dach

Die Umsetzung sicherstellen

Um den Beratungsprozess abzuschließen, bedarf es einer Prüfung der Umsetzungswahrscheinlichkeit. Im Bild unseres Hauses ist dies das Dach, welches das gesamte Gebäude vor den Witterungseinflüssen schützt und das Haus komplettiert.

Auch wenn es im echten Bauprozess noch vor dem Innenausbau kommt, so ist es doch letztendlich das wesentliche Bauteil, welches den Schutzraum im Haus maßgeblich bestimmt. In unserem Modell des Hauses haben wir uns von unten nach oben vorgearbeitet.

Nicht nur am Ende des Beratungsprozesses werden Ergebnisse gesichert, sondern auch in allen anderen Phasen tauchen immer wieder festzuhaltende Ergebnisse auf.

In der Regel endet nach der dritten Phase der Beratungsprozess und damit hat der Berater keinen Einfluss mehr auf das, was der Kunde im Folgenden tut. Das ruft die Frage auf, ob die Ergebnisse, Hinweise, Tipps aus dem Prozess so gefestigt sind, dass der Kunde diese auch motiviert und trotz Störungen aus seinem Alltag umsetzen kann.

Greifen wir nun wieder unsere drei Beispiele auf.

Verabredung des Meisters

 Zur Erinnerung: Der Lehrling hatte mit dem Meister anhand der Fragestellung erste Visionen formuliert, die er erreichen wollte. Gedanklich konnte er die Umsetzungsschritte greifen, indem er in seinem Kopf ein Bild der benötigten Werkzeuge und Materialien, sowie der Vorgänge entwarf.

Der Meister fragt mich: „Wie willst Du die Reparatur nun konkret durchführen?"

Ich beschreibe ihm, mit welchen Materialien und Werkzeugen ich das Scheunentor reparieren will.

„Hast Du auch alles bedacht?" *fragt er nochmal nach – und mir fallen tatsächlich noch zwei Werkzeuge ein, die ich ebenfalls mitnehmen kann. Dann fragt er weiter: „Wie lange brauchst Du dafür?"*

Wie hätten Sie als Chef reagiert?

Ich sage ihm, dass ich etwa 2 Stunden schätze. „Was machst Du, wenn Du merkst, dass Du mit deiner Zeit nicht hinkommst?" Ich denke nach und frage mich, was mich wohl ablenken könnte? „Dann muss ich wohl heute länger bleiben und nacharbeiten" sage ich und denke mir dabei, dass dies sicherlich nicht der Fall sein wird, da 2 Stunden eine gute Zeit sind. „Ich habe verstanden, dass, wenn Du es in den nächsten zwei Stunden nicht schaffst, Du heute länger bleibst und es fertig machst. Stimmt das?" „Ja" antworte ich und fühle mich angespornt, es auch in einer noch kürzeren Zeit zu schaffen.

Als ich mitten in der Reparatur bin, kommt der Futtermittellieferant auf den Hof gefahren und braucht meine Hilfe, um seine Futtermittel abzuladen. Da merke ich, wie wichtig die Frage des Meisters war – und muss nun aufgrund meiner eigenen Vorgaben am Abend dann doch etwas länger bleiben.

Verabredung des Partners

 Zur Erinnerung: Der Kunde entwickelte mit den Möglichkeiten, die der Berater lieferte, eine Vorstellung von seiner optimalen Lösung. Der Berater setzte alles daran, um die vorgeschriebenen Prozeduren des CRM-Systems nutzbar für eine Lösung des Kunden zu machen.

„Ich habe mir jetzt ihre Konditionen notiert" sagt der Berater zum Abschluss der Beratung. „Wie geht es weiter, wenn ich Ihnen diese zur Unterschrift zusende?"

„Wenn sie alles richtig notiert haben, dann unterschreibe ich die Unterlagen und sende sie Ihnen zu."

„Bis wann denken Sie, dass Sie das Angebot prüfen können?" fragt der Berater erneut nach.

Wie hätten Sie als Verkaufsberater reagiert?

„Wenn Sie mir es sofort zusenden, denke ich, dass ich heute noch dazu kommen werde" antworte ich.

„Was soll ich tun, falls sie heute doch nicht mehr zum Prüfen kommen?" fragt er.

„Falls ich es bis Ende der Woche nicht geschafft habe, senden Sie mir doch bitte eine Erinnerungsmail" sage ich.

„Haben Sie das Gefühl, dass wir das richtige Angebot für Sie gefunden haben?" schließt der Berater sein Gespräch mit mir ab.

„Ja, ich habe sogar mehr bekommen, als ich ursprünglich erwartet habe. Besten Dank für die Beratung."

Verabredung des Dienstleisters

Zur Erinnerung: Nachdem ich einiges doch von mir zur Frage beitrug, wie ich 'mehr Entscheidungen' definiere, lagen ein paar vom Coach geschriebene Karteikarten vor uns auf dem Tisch. Nun bat mich der Coach die Karteikarten nochmal anzusehen und sie sinnvoll zu ordnen.

Im weiteren Verlauf entstehen konkrete Möglichkeiten, wie ich meinen Mitarbeitern Räume zu eigenen und mehr Entscheidungen eröffnen kann. Eine dieser Möglichkeiten wird wie folgt konkretisiert:

„Jetzt sehe ich deutlich klarer und spreche mit den Bereichsleitern darüber" sage ich, nachdem mir durch die Sortierung der Karten die Begrifflichkeit und die Möglichkeiten deutlich geworden sind.

„Wann sprechen Sie denn mit den Bereichsleitern?" fragt mich der Coach.

Wie hätten Sie als Coach reagiert?

„Gleich morgen früh" antworte ich.

„Wann genau? Um 9:00 oder um 10:00 Uhr? Und wo findet das Gespräch statt?" fragt der Coach erneut.

„Morgen früh habe ich noch zwei Telefonate und anschließend – so gegen 9:15 Uhr schaffe ich es. Ich denke, wir sollten das im Besprechungsraum machen und nicht in meinem Büro" antworte ich.

„Und was genau wollen Sie sagen, um das ‚darüber' zu definieren?"

„Ich werde ihnen sagen, dass ich für mich festgestellt habe, dass ich mich zu oft eingemischt habe in Entscheidungen, die eigentlich ganz bei ihnen liegen sollten. Das hat zur Konsequenz, dass ich mich in Zukunft hier mehr zurückhalten werde. Es bedeutet auch, dass mir die Bereichsleiter bei zukünftigen Fragen möglichst auch gleich ihren Vorschlag zur weiteren Vorgehensweise mitliefern sollen. Am liebsten wäre mir, wenn sie mir auch gleich noch ein oder zwei Gründe für ihre Entscheidung nennen.

Dann kann ich mich mehr als Berater und Unterstützer sehen und sie können ihre Aufgaben und Arbeitsschritte gut und eigenständig gestalten."

„Was passiert, wenn ihre Telefonate morgen früh länger dauern? Oder wenn ein anderes, unvorhergesehenes Ereignis ihren Tagesplan durcheinanderbringt?" lässt der Coach nicht locker.

„Nein, das wird schon nicht passieren" sage ich.

„Was aber, wenn doch?" fragt er wieder.

An dieser Stelle muss ich nochmal nachdenken. Ich fühle mich erinnert an das, was ich eigentlich will und merke, wie wichtig es mir ist. „Es ist mir so wichtig, dass ich auf jeden Fall den Termin in meinen Kalender eintrage und auch auf meiner ToDo-Liste vermerke, ob der Termin stattgefunden hat. Ansonsten werde ich für den nächsten Tag gleich einen neuen Termin verabreden."

„Können Sie jemanden zur Unterstützung hinzuziehen für diesen Fall?"

„Klar, ich bitte gleich meine Assistenz, diesen Termin unbedingt zu ermöglichen."

„Prima, haben Sie jetzt das Gefühl, dass Sie einen guten Schritt weitergekommen sind?" beendet der Coach die Beratung.

„Ja, besten Dank – es hat mir sehr geholfen. Darf ich ihnen von meinem Erfolg berichten, wenn ich es geschafft habe?"

Gemeinsamkeiten in den Beispielen

Der Berater prüft in allen drei Beispielen mit seinen Fragestellungen, wie konkret die Umsetzung in der Vorstellung des Kunden ist. Er fragt nach den Elementen des Magischen Dreiecks: Ort, Zeit, Beziehungen und Geld. Wir sehen auch hier die Bedeutung des Magischen Dreiecks: Konkretisierung.

Wir gehen in unseren Beratungsprozessen darüber hinaus. Der Berater fragt in diesen Beispielen jeweils, was passiert, wenn dieser erste Schritt nicht gegangen werden kann. Die Konsequenzen des eigentlichen nächsten Schritts sind ja für den Kunden bekannt. Die Konsequenzen des Unterlassens und das Finden einer möglichen Alternative führen jedoch zu einer verbindlicheren Einstellung des Kunden zur gestellten Aufgabe.

Je konkreter die Vorstellung des Kunden für seinen nächsten Schritt ist, desto leichter lässt sich dieser umsetzen.

Dabei gibt es in den oben genannten Beispielen noch eine weitere Besonderheit, die die Qualität der Beratung gerade vom Verkaufsprozess unterscheidet: In allen drei Fällen bestimmt der

Kunde, welche Konsequenzen eintreten – und nicht der Berater. Dadurch, dass der Meister den Lehrling die Konsequenz bestimmen lässt, muss sich dieser nur vor sich selbst verantworten und abends länger bleiben. Bei einer autoritären Führung wird die Konsequenz vom Meister vorgegeben. Da der Meister diese Konsequenz nicht vorgegeben hat, wirkt sie wesentlich stärker. Der Lehrling übernimmt Verantwortung für seine eigenen Entscheidungen. Er setzt sich selbst die Maßstäbe und empfindet das als Ansporn für seine Arbeit.

Der Berater führt hier natürlich ein Verkaufsgespräch. Aber der Kunde hat das Verfahren in der Hand. Zu jeder Zeit des Gesprächs lässt der Berater dem Kunden die Entscheidung für die nächsten Schritte. Auch er fragt nach der Konsequenz bei abweichenden Sachverhalten. Dadurch ist es der Kunde, der die Einladung zu einer Erinnerung ausspricht und nicht der Berater.

Auch der Coach lässt nicht locker und fragt nach der konkreten Umsetzung und den Konsequenzen. Nachdem auch die Alternativen dem Klienten deutlich geworden sind, reift in diesem sogar der Wunsch, den Coach wieder zu kontaktieren.

Beratungsprozesse brechen oft genau vor diesem Punkt zu früh ab, weil man der Ansicht ist, im Gespräch sei doch bereits alles gesagt worden, oder weil man als Verkäufer seinen Abschluss erreichen will. Wir haben die Erfahrung gemacht, dass es sich gerade hier lohnt, etwas mehr Zeit zu investieren. Damit die eigene Lösung im Kunden reifen kann, braucht es eine Besinnungspause, in welcher der Kunde nicht durch ein Drängen zu einem Abschluss, oder ein Drängen zu der für den Berater richtigen Lösung gestört wird. Nicht umsonst bedeutet der Begriff ‚Kunde', dass der Kunde auch kundig ist. Häufig kann er dies im Rahmen einer guten Beratung durch seine eigenen Ideen selbst feststellen. Dennoch bedeutet es noch lange nicht, dass – wenn die Ideen erst einmal ausgesprochen sind – sie sich genauso leicht auch umsetzen lassen. Das konkrete Nachfragen über die Felder des Magischen Dreiecks führt dazu, dass Konsequenzen erkennbar werden und die Umsetzungswahrscheinlichkeit steigt.

Das Er*Ich*-Modell ist ein weiteres Werkzeug, welches speziell für den Abschluss solcher Gespräche entwickelt wurde.

Das Er*Ich*-Modell®

Abbildung 22: ErIch-Modell®

Das Er*Ich*-Modell ist ein dynamisches Modell, bei dem alle im Folgenden genannten Felder voneinander abhängig sind und sich gegenseitig während des Gesprächs weiter beeinflussen. Alle Felder werden ohne eine vorher festgelegte Reihenfolge mehrfach bedacht.

Es trägt seinen Namen, weil sich am Ende des Prozesses die Frage auftut: Macht es **Er** oder **Ich**? **Er** sind wir als Berater, **Ich** ist der Kunde. Ziel des Prozesses ist, dass alles der Kunde macht.

Ist das Gespräch zwischen Berater und Kunde am Ende der dritten Phase angekommen, steht der Kunde in der Umsetzung mit dem, was er sich vorgenommen hat, alleine da. In der vierten Phase kann er unterstützt werden, indem er durch weitere Fragestellungen des Beraters konkret fokussiert wird. Diese wollen wir mit dem folgenden Merksatz einführen und anschließend erläutern:

ICH
KANN, WILL und SOLL
ENTSCHEIDUNGEN treffen
und kenne KONSEQUENZEN

Wer ist ICH?

Im Bild ist das ‚Ich' der Kopf des nun folgenden Prozesses. In unserem Fall ist ‚Ich' der Kunde, der sich nun entscheiden muss, welche nächsten Schritte er machen wird. Mit diesem ‚Ich' wird betont, dass es nicht darum geht, was irgendjemand tut oder macht, sondern dass es genau um den Kunden geht. Das ‚Ich' ist unteilbar – genauso wie die Verantwortung, die der Kunde für seine Umsetzung übernimmt. Es kann zwar durchaus sein, dass weitere Aufgaben vom Kunden an andere delegiert werden – die Verantwortung dafür bleibt jedoch bei ihm.

Was KANN ich?

Die eine Hand des Er*Ich* behütet den Baum, der für das gewachsene Können steht.

Von dem Können des Kunden hängt ab, welche nächsten Schritte überhaupt zum Lösungsprozess beitragen. Dabei lassen sich im Wesentlichen zwei verschiedene Bereiche abstecken: Einerseits die fachlichen Kenntnisse und Fertigkeiten, andererseits die sozialen Fähigkeiten, die sich der Kunde erworben hat. Fachliche Kenntnisse sind beispielsweise die Art und Weise, wie ein Tor repariert werden muss, damit es hält. Soziale Fähigkeiten sind zum Beispiel die Fähigkeit des Telefonkunden zu kommunizieren, dass er es eventuell doch nicht schafft bis zum verabredeten Termin oder die Fähigkeit des Kunden, gegebenenfalls seine Assistenz um Unterstützung zu fragen.

Verdeutlichen Sie dem Kunden, dass es jetzt nur um seine ganz persönlichen, eigenen Aufgaben geht.

Was SOLL erreicht werden?

Der Stern an der anderen Hand symbolisiert die möglichen Zukunftsaspekte: Wer will etwas von mir, was die Aufgaben beeinflussen könnte? Hier gilt es einerseits, sich die konkreten Ziele nochmal zu verdeutlichen, andererseits jedoch auch, mögliche Stakeholder und Notwendigkeiten durch

Rahmenbedingungen abzuschätzen: Was ist gesetzlich erlaubt? Was wollen meine Lebenspartner oder Mitarbeiter? Was ist kulturell zu beachten und vieles, vieles mehr.

Fragen Sie den Kunden daher, welche sonstigen Ziele noch auftreten können und wer oder was noch Ansprüche an die Umsetzung stellen könnte.

Welche ENTSCHEIDUNGEN kann ich TREFFEN?

Beide Füße symbolisieren die Fortbewegung im Prozess. Beim Gehen hat man mit jedem Schritt die Entscheidung, in welche Richtung man den Fuß setzt. Nur wer Entscheidungen treffen kann, kann auch Verantwortung für seine Aufgaben übernehmen.

Eine Entscheidung führt zu einem nächsten Schritt auf dem Lösungsweg. Vor der Entscheidung muss bedacht werden, welche anderen Wege zu einer Lösung beitragen. Gibt es sowieso nur einen einzigen Lösungsweg, handelt es sich nicht um eine Entscheidung, sondern um eine Notwendigkeit. Damit wird dieser Weg zu einem SOLL im obigen Sinne.

Gibt es mehrere Lösungen, so muss sich der Kunde entscheiden, von welchen Lösungen er sich scheidet, damit sein Lösungsweg konkret wird.

Mit jeder Entscheidung ist ein weiterer Schritt auf dem Lösungsweg getan – und wachsen neue Entscheidungen heran.

Fragen Sie den Kunden daher in dieser Phase, welche Entscheidungen er als nächstes treffen wird, ohne ihm diese Entscheidungen abzunehmen.

Welche KONSEQUENZEN KENNE ich?

Entscheidungen sind nur dann sinnvoll zu treffen, wenn wir uns mit den möglichen Konsequenzen auseinandersetzen. Die Beschäftigung mit ihnen zeugt vom Grad der Sensibilität, mit der der Kunde seine Entscheidungen trifft. Da wir jedoch nie alle Konsequenzen durchdenken und vorhersehen können, geht es auf diesem Feld darum, zu prüfen, ob sich der Kunde damit beschäftigt.

Konsequenz bedeutet ‚Das, was folgt' und ist in der Regel negativ konnotiert. Hier geht es jedoch auch um die positiven Wirkungen durch Erfolge und konkrete Resultate und damit um eine motivierende Auseinandersetzung mit der Umsetzung.

Fragen Sie ihren Kunden daher sowohl nach positiven als auch nach negativen Konsequenzen.

WILL ich wirklich?

Während die anderen Felder eher sachlich besprochen werden können, geht es im Herz des

Er*Ich* um das wirkliche Wollen. Nur wer wirklich will, ist auch motiviert, anspruchsvolle Phasen der Umsetzung selbstständig zu durchwandern.

Ein „Ja, ja, ich will schon!" ist oft ein deutliches Signal, dass es noch nicht um das wirkliche Wollen geht. Nehmen Sie die Frage „Willst Du?" so ernst, wie die Frage des Pfarrers vor dem Altar.

Fragen Sie ihren Kunden, ob er wirklich die angedachte Umsetzung will.

Da das eigene Wollen das Herzstück ist, ist es besonders abhängig von den umgebenden Feldern. Deswegen macht es Sinn, es am Ende des Gesprächs nochmal kurz zu hinterfragen.

Generelles zum Bild des Er*Ich*-Modells

Am Ende der vorherigen Phase kann man oft dem Glauben verfallen, dass der Kunde ja nun Wege angedacht hat und diese gehen kann. Wir müssen dem Kunden in dieser Phase besonders helfen, konkret zu werden. Auch hier hilft das Magische Dreieck (Ort, Zeit, Beziehung und in der Folge das Geld) immer wieder, die Konkretisierung der nächsten Schritte vollständiger zu machen.

Jedoch werden diese Schritte oftmals stark unterschätzt. Mit dem Er*Ich*-Modell können wir als Berater sicherstellen, dass die Konkretisierung mit all ihren Risiken und Chancen so formuliert wird, dass der erste zu gehende Schritt nun wirklich deutlich erleichtert ist.

Die Besonderheit der Evokatorischen Beratung stellt genau in dieser Phase die Freiheit des Kunden, eigene Entscheidungen zu treffen, ins Zentrum. Fragen Sie daher sowohl zu Beginn der letzten Phase, als auch zum Ende ruhig nochmal nach dem Umsetzungswillen des Kunden.

Mach den Sack zu!

Und jetzt machen Sie bitte den Sack zu.

‚Den Sack zumachen' bedeutet in dieser Phase nicht erneut in eine Beratung zu verfallen. Häufig zeigt sich bei der Klärung über die verschiedenen Felder, dass der Kunde in spezifischen Punkten sehr wohl noch Beratungsbedarf hat. Hier muss der Prozess jedoch zugunsten des Kunden abgeschlossen werden und die weiteren Fragen in einen neuen Beratungsprozess eingegliedert werden.

Und bevor wir ganz zum Schluss kommen, blättern Sie nochmal zurück zu ihrer Eingangsfrage auf S. 17.

Reflektieren Sie nochmal, was Sie hier gelesen haben, welche Gedanken und Meinungen Sie dazu hatten, welche konkreten Schritte Sie gemacht haben und ob die Ausgangsfrage wirklich ihre Frage war.

Wie hat sich Ihre Frage verändert? Welche Fakten oder Erkenntnisse aus dem, was wir geschrieben haben, haben Ihre Meinungen, Vorurteile und Visionen verändert? Welche konkreten Erfahrungen haben dazu beigetragen, dass Sie Ihre Fragestellung angepasst haben? Welche Fragestellungen wurden an Sie gerichtet?

Rückblick und Ausblick

Wir hoffen, dass wir mit dem Buch Ihre persönliche Fragestellung weiter entwickeln konnten. Dass Sie durch unsere Anregungen Ihre eigene Haltung in Beratungssituationen hinterfragen konnten. Vielleicht hat Sie unsere Begeisterung für dieses Thema angesteckt und Sie beginnen die Fragen ihrer Kunden genauer zu ergründen.

Im folgenden Gespräch wollen wir schildern, wie es zu diesem Buch kam und was wir uns weiter vorstellen. Dabei heben wir unsere persönlichen Meinungen deutlich voneinander ab. Durch den gemeinsamen Prozess des Schreibens stehen wir beide hinter jeder der bisher geäußerten Aussagen.

Warum haben wir das geschrieben?

MARTINA ROSANSKI: Ursprünglich wollte ich unser angesammeltes Wissen zu Papier bringen, weil meine Kunden danach gefragt haben. Das Spannende daran war, mit Dir gemeinsam zu schreiben. Sicherlich hätte ich es auch alleine formulieren können, aber der Austausch mit Dir war sehr bereichernd.

OLAF KESER-WAGNER: Mir ging es auch so. Ich empfand den Prozess des Schreibens als eigenen kleinen Schulungsweg, um auch zu prüfen, wie genau können wir das beschreiben und nutzbar machen für Leser, die uns noch nicht kennen.

MARTINA ROSANSKI: In den Seminaren haben die Kunden erlebt, dass unsere Hilfestellungen wirklich geholfen haben. Neben den Materialien, die wir ausgegeben haben, wollten sie auch etwas in der Hand haben, was die Hinführung zu diesen Ergebnissen und Methoden beschreibt.

OLAF KESER-WAGNER: Sie wollten auch so eine Erinnerungsstütze an die eigenen Prozesse und die Reflektionen, die in den Workshops stattgefunden haben. Wir haben ja vieles in den Workshops erfahren können und gerade die Prozesse des Lernens bei den Teilnehmenden erleben dürfen.

Mir ging es darum, genauer zu erkennen, wo welche Methoden wie wirken. Und es gibt so eine Vielzahl von Methoden. Viele Kunden fragen nach Methoden.

MARTINA ROSANSKI: Geht es um das Zusammenspiel der Methoden?

OLAF KESER-WAGNER: Ja, aber im Verlauf des gemeinsamen Schreibens hat sich zunehmend gezeigt, dass es eben auch noch mehr um das Verhältnis zwischen Methode und Anwender geht. Ich gehe zum Beispiel sehr intensiv mit dem 8x8 um. Du wendest es in dieser Form so recht wenig an.

Dennoch unterstützt es uns beide. Und wir erreichen beide etwas damit. Aber es ist eben spannend, dass Du einen vollkommen anderen Zugang zu der Methodik hast als ich.

MARTINA ROSANSKI: Das haben die Kunden ja auch. Und es ist eben das Zusammenspiel zwischen uns, welches uns das deutlich vor Augen führt. Das Buch haben wir eigentlich geschrieben, um unser Zusammenspiel und unsere Herangehensweisen darzustellen, nochmal zu erleben und weiterzuentwickeln.

OLAF KESER-WAGNER: Ja, wir haben das Buch auch für uns geschrieben. Denn das ist vielleicht das Geheimnis des Dialogs: Dass man – auch wenn man sehr intensiv zuhört und dem Anderen mehr Fragen stellt – doch immer für sich selbst sehr viel mitnimmt. Es ist eigentlich ein 'Meta-Prozess', der auch schon während der Workshops abgelaufen ist und sich während des gemeinsamen Schreibens sehr stark vertieft hat.

Was haben wir beim Schreiben gelernt?

OLAF KESER-WAGNER: Viele Formulierungen mussten hin und her bewegt werden, bis wir sie richtig hatten.

MARTINA ROSANSKI: Auch der Umgang mit der Technik und ihre Wirkung war sehr lehrreich. Wir saßen in München und Wiesbaden jeder an seinem

Schreibtisch und waren per Telefon und Screensharing miteinander verbunden. Über 400 km waren wir voneinander getrennt und doch durch die Technik gedanklich intensiv verknüpft.

OLAF KESER-WAGNER: Wir haben uns immer wieder für eine Stunde am Morgen oder Abend telefonisch verabredet. Nach dieser Stunde war dann ein neuer Termin fällig. Innerhalb der Zeit waren wir oft sehr konzentriert bei der Arbeit. In der Zeit zwischen den Telefonaten wirkte das gerade Formulierte dann noch weiter und verwandelte sich bis zum nächsten Termin.

MARTINA ROSANSKI: Wir haben ja nicht abwechselnd geschrieben und dann dem anderen unseren Teil vorgelegt, sondern in regelmäßigen Telefonaten jede einzelne Seite, jedes einzelne Wort gemeinsam am PC erstellt. Der Dialog, die Erkenntnis, worum geht es Olaf, worum geht es mir – das waren immer wieder sehr intensive und konstruktive Momente. Vor allem war es sowohl das Ringen um die richtigen Worte, als auch das Feilen daran, dass ein Satz auch wirklich das sagt, was er sagen soll.

OLAF KESER-WAGNER: Mir ist auch sehr deutlich geworden, dass es eben nicht einfach um verschiedene Methoden geht, sondern um eine echte Haltung in der Beratung. Hier helfen zwar einige Methoden, aber diese sind sehr individuell in der Anwendung und Wirkung – je nachdem, wer sie wann wie einsetzt.

MARTINA ROSANSKI: Wir haben wahrscheinlich eine gleiche Haltung in der Beratung – weswegen auch der Prozess des Schreibens so gut gelungen ist.

OLAF KESER-WAGNER: Beim Prozess des Schreibens ging es uns ja nicht darum, Recht zu haben, was besser ist.

MARTINA ROSANSKI: Bei allen Themen ging es immer wieder darum eine Stimmigkeit in der Haltung zu erzeugen. Und die eigene Haltung immer wieder zu überprüfen und zu schärfen. Dabei haben wir entdeckt, dass die Unterschiedlichkeit der Methoden, die wir jeweils mitgebracht haben, sich durch die gemeinsame Haltung zu einem stimmigen Ganzen entwickelt.

OLAF KESER-WAGNER: Im Dialog konnte ich auch immer wieder erleben, wie das gelang. Es war manchmal wie ein Sektkorkenknall, wenn nach einer Diskussion in wenigen Sätzen wirklich das formuliert war, was gesagt werden wollte.

MARTINA ROSANSKI: Dabei war es dann auch nicht mehr wichtig, wer es gesagt hat, sondern, dass es so richtig für uns ist.

OLAF KESER-WAGNER: Eigentlich ist das Buch auch ein Beispiel für einen gelungenen, gegenseitigen Beratungsprozess in der Qualität, wie wir sie gleichzeitig fordern.

Was wünschen wir uns für die Leser?

OLAF KESER-WAGNER: Auf jeden Fall, dass sie das Buch nutzen können und mit ihm die eigene Beratungspraxis auf ihre Haltung hin reflektieren können.

MARTINA ROSANSKI: Sie sollen ihren Beratungsprozess ein bisschen verfeinern können. Es geht ja nicht um große Neuerungen, sondern um die kleinen Details, die es ausmacht, ob eine Beratung gut wird oder sehr gut.

OLAF KESER-WAGNER: Das meine ich auch mit Haltung: Diese Details beispielsweise in der Raum- und Zeitgestaltung. Die Aufmerksamkeit auf den Beratungsrahmen – überhaupt die Kunst, in der Gegenwart dem Anderen zu begegnen und nicht methodengetrieben oder vom eigenen Ziel vereinnahmt den Dialog zu verhindern.

MARTINA ROSANSKI: Was ich mir noch wünsche ist, dass der Leser versteht, dass wir eine fragende Haltung einnehmen. Diese fragende Haltung ist eben Ausdruck dieses ‚in der Gegenwart begegnen' was Olaf gerade gesagt hat. Wir haben es ja

Evokatorische Beratung genannt. Und in dieser fragenden Haltung zeigt sich das Evozieren.

OLAF KESER-WAGNER: Ich wünsche dem Leser, dass er mit Hilfe dieses Buches an genau dieser Haltung arbeiten kann. Dass er erkennen kann, wo er suggestiv den Denkprozess des Kunden gesteuert hat und wie er fragen muss, damit dieser Denkprozess eben ein ganz eigener Prozess des Kunden bleibt.

Wie können Sie weiter mit uns daran arbeiten?

MARTINA ROSANSKI: Entstanden ist das Buch aus den Fragen von Seminarteilnehmern nach etwas, wo sie das nachlesen können, was wir im Seminar gemacht haben. Die Möglichkeit an unseren Seminaren teilzunehmen, oder uns für eigene Seminare zu buchen, besteht ebenso, wie die Möglichkeit von Einzelcoachings.

OLAF KESER-WAGNER: Nehmen Sie doch Kontakt zu uns auf über www.evokatorische-beratung.de oder per Mail an buch@evokatorische-beratung.de

Außerdem haben Sie mit diesem Buch die Möglichkeit auf unserer Website im internen Bereich die Arbeitsblätter, aktuelle Methoden und Hintergründe nachzuschlagen. Wir sammeln dort verschiedene Materialien, die wir für unsere Arbeit immer wieder einsetzen. Die Login Daten dafür fordern Sie bitte mit einer kurzen Mail an kwbuch@evokatorische-beratung.de an.

Danksagung

Wir möchten uns bei unseren Familien, Partnern und Kunden ganz herzlich bedanken für

- die Zeit, die sie uns zur Verfügung gestellt haben

- die Orte an denen wir uns begegnen konnten

- die Beziehungen, die sich stärkend auf die Arbeit ausgewirkt haben.

DANKE

Anhang

Abbildungen

Quellenverzeichnis

Bekman, Adriaan (1999): Self-Management. Die Kunst, den Alltag zu bewältigen. Stuttgart: Verl. Urachhaus.

Götz Werner (2011): Vortrag anlässlich des ADZ-Kongress. ADZ-Netzwerk. Bregenz, Oktober 2011.

Groß, Harald (2012): Munterbrechungen. 22 aktivierende Auflockerungen für Seminare und Sitzungen. 2. Aufl. Berlin: Schilling.

Hermann, Ursula (1992): Knaurs etymologisches Lexikon. Herkunft und Geschichte von 10000 Wörtern unserer Gegenwartssprache. Vollst. Taschenbuchausg. München: Droemer Knaur

Hüther, Gerald (2013): Bedienungsanleitung für ein menschliches Gehirn – Die Macht der inneren Bilder – Biologie der Angst. Limitierte Sonderausgabe. 1. Aufl. Göttingen: Vandenhoeck & Ruprecht.

Jakob Bader: www.jakobbader.de. Online verfügbar unter http://www.jakobbader.de/Architektur/Architektur.html, zuletzt geprüft am 23.03.2018.

Keser-Wagner, Olaf (2016): Die Gesprächslandkarte 8x8 und das ErIch-Modell. Zwei Modelle zur Einführung von evokatorischer Führung in Unternehmen. Norderstedt: Books on Demand.

Klein, Zamyat M. (2010): Kreative Seminarmethoden. 100 kreative Methoden für erfolgreiche Seminare. Offenbach: GABAL Verlag (Dein Erfolg).

Krogerus, Mikael; Tschäppeler, Roman (2017): 50 Erfolgsmodelle. Kleines Handbuch für strategische Entscheidungen. Unter Mitarbeit von Philip Earnhart. komplett überarbeitete Neuauflage. Zürich: Kein & Aber.

Krogerus, Mikael; Tschäppeler, Roman (2017): 50 Erfolgsmodelle. Kleines Handbuch für strategische Entscheidungen. Unter Mitarbeit von Philip Earnhart. komplett überarbeitete Neuauflage. Zürich: Kein & Aber.

Kükelhaus, Hugo (1975): Fassen, Fühlen, Bilden. Organerfahrungen im Umgang mit Phänomenen. Köln: Gaia-Verlag.

Kükelhaus, Hugo (1978): Hören und Sehen in Tätigkeit. 1. Aufl. Zug: Klett und Balmer (Zürcher Beiträge zur Medienpädagogik).

Kükelhaus, Hugo (1989): Mit den Sinnen leben. Neuausg. Oldenburg: Transform.

Lex Bos (2003): Urteilsbildung. Ein Weg zu innrerer Freiheit. 2. Aufl. Driebergen NL: Stichting Dialoog.

Michaela Glöckler: Zwölf Sinnestätigkeiten - Sinnespflege. Anthroposophie lebensnah. Online verfügbar unter http://www.anthroposophie-lebensnah.de/lebensthemen/sinnespflege/zwoelf-sinnestaetigkeiten/, zuletzt geprüft am 23.03.2018.

Rachow, Axel (Hg.) (2002): 66 Trainer präsentieren 88 neue Top-Spiele aus ihrer Seminarpraxis. Bonn: managerSeminare May (Spielbar, / Axel Rachow (Hrsg.)).

Rachow, Axel (Hg.) (2009): 62 Trainer präsentieren 83 frische Top-Spiele aus ihrer Seminarpraxis. Bonn: ManagerSeminare Verlags GmbH (Spielbar /Axel Rachow (Hrsg.)).

Rachow, Axel (Hg.) (2012): 51 Trainer präsentieren 77 Top-Spiele aus ihrer Seminarpraxis. 4. überarb. Aufl. Bonn: managerSeminare Verl. (Edition Training aktuell, / Axel Rachow (Hrsg.)).

Scharmer, Claus Otto (2009): Theorie U - von der Zukunft her führen. [Öffnung des Denkens, Öffnung des Fühlens, Öffnung des Willens ; Presencing als soziale Technik]. 1. Aufl.

Spitzer, Manfred; Herschkowitz, Norbert (2014): Wie Erwachsene denken 3. Lebenslanges Leben: 60+ Jahre. 1. Aufl., ungek. Ausg. Etsdorf: Galila Verlag (Die Neurobibliothek).

Spitzer, Manfred; Herschkowitz, Norbert (2014): Wie Erwachsene denken 3. Lebenslanges Leben: 60+ Jahre. 1. Aufl., ungek. Ausg. Etsdorf: Galila Verlag (Die Neurobibliothek).

Vester, Frederic (1985): Denken, Lernen, Vergessen. Was geht in unserem Kopf vor, wie lernt d. Gehirn, u. wann lässt es uns in Stich? Ungekürzte, vom Autor überarb. Aufl., 12. Aufl., 281. - 305. Tsd. München: Deutscher Taschenbuch-Verlag (dtv, 1327 : dtv-Sachbuch).

Vogelauer, Werner (2005): Methoden-ABC im Coaching. Praktisches Handwerkszeug für den erfolgreichen Coach ; [jetzt mit 99 Coaching-Methoden]. 4., überarb. Aufl. Neuwied: Luchterhand.

Wikipedia (Hg.) (2018): Beratung. Wikipedia. Online verfügbar unter https://de.wikipedia.org/wiki/Beratung, zuletzt aktualisiert am 22.02.2018, zuletzt geprüft am 23.03.2018.

Weitere Informationen zu den Autoren:
- www.proregio-ag.de
- www.keser-wagner.de

Erklärung

Wir sind keine Therapeuten oder Ärzte und haben in diesem Buch aus unseren eigenen Erfahrungen Methoden und Kenntnisse aus unserer Beratungspraxis zusammengetragen. Da es nicht auszuschließen ist, dass Ihnen in Ihrer Beratungslaufbahn auch Menschen mit konkreten Krankheitsbildern begegnen, diese jedoch den Anschein erwecken, sie bräuchten eine Beratung statt einer Therapie, schließen wir jegliche Haftung in der Anwendung der Methoden aus, die wir hier genannt haben. Sie als Berater sind eigenständig für den Einsatz Ihrer Methoden und Vorgehensweisen verantwortlich.

München – Wiesbaden im April 2018